胶州市学生乡土读本
初中版

我爱胶州

I LOVE JIAOZHOU

胶 州 市 档 案 馆
胶 州 市 教 育 和 体 育 局 编
中共胶州市委党史研究中心

中国海洋大學 出版社
CHINA OCEAN UNIVERSITY PRESS
·青岛·

《我爱胶州》编委会

前　　言

　　胶州市地处黄海之滨、胶州湾畔,以境内胶水"水色如胶"而得名。古为东夷之地,今为山东半岛乃至全国内联外畅的交通枢纽,依山傍水,生态宜居,物华天宝,人杰地灵,魅力无穷。

　　胶州,历史悠久,源远流长。4500 多年前即有先民在此刀耕渔猎、繁衍生息,夏商时为莱夷之域,西周时为莒开国之都,春秋时为介国,战国时为齐地,唐代设板桥镇,宋置市舶司,清代享有"金胶州"的美誉,为千年古县。

　　胶州,文化深厚,名人辈出。在这片土地上,先后涌现出庸谭、高宏图、高凤翰等众多名人贤士,胶州秧歌、胶州茂腔、胶州剪纸和胶州八角鼓等胶州民间传统艺术入选国家及省级非物质文化遗产,先后荣获中国秧歌之乡、中国剪纸之乡、中国民间文化艺术之乡等称号,文化的繁盛为胶州的发展提供了强劲的精神动力。

　　1987 年撤县设市,标志着胶州进入发展快车道,成为山东省首批沿海开放县市之一,国家文明城市、国家卫生城市等荣誉称号成为一张张闪亮的城市名片,凸显出蓬勃的发展态势。

　　历史是城市之根,文化是乡土之魂。传承历史文化,弘扬时代文明是历史赋予我们的责任。编纂乡土读本《我爱胶州》,既是对传统历史文化的挖掘和保护,也是对现代文明的传承和弘扬。青少年是未来社会建设的中流砥柱,对青少年进行乡土教育,可以让他们更好地了解家乡,提高对家乡的归属感和认可度,培养他们以家乡为傲的感情。

　　为此,我们编纂这本乡土读本,以期帮助青少年了解胶州的历史和今天,激发他们对家乡的热爱之情,共同创造美好的明天。

　　我爱你,胶州,我们为你骄傲、自豪!

胶州市新城区三里河公园

胶州市新城区部分区域鸟瞰图

中国—上海合作组织地方经贸合作示范区

（摄影张明英）

青岛大沽河省级生态旅游度假区鸟瞰图

国家级多式联运物流示范园内全国 18 个中心站之————中铁联集青岛集装箱中心站

第五届中国秧歌节开幕式

大沽河省级生态旅游度假区内举行大型祭孔活动

三里河遗址出土的薄胎高柄杯

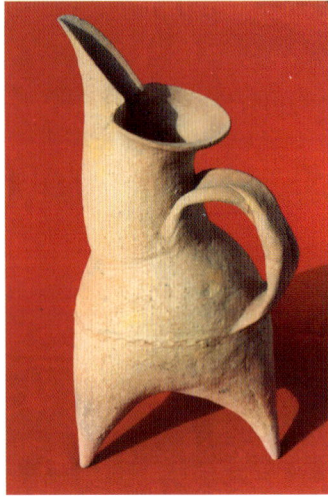

三里河遗址出土的红陶鬶

三里河遗址出土的环状兽形鬶

三里河遗址

板桥镇出土的文物

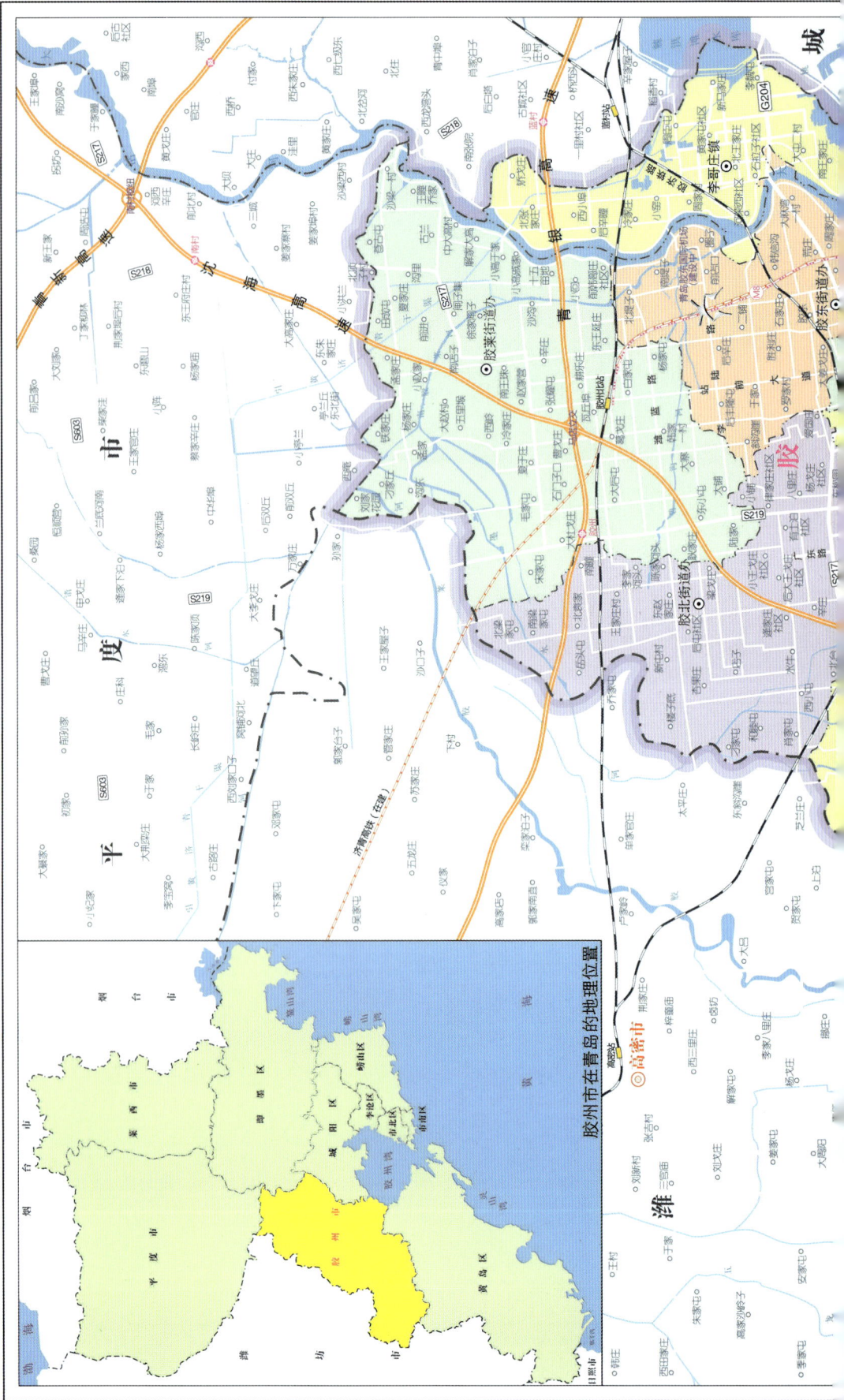

胶州市地图

胶州市在青岛的地理位置

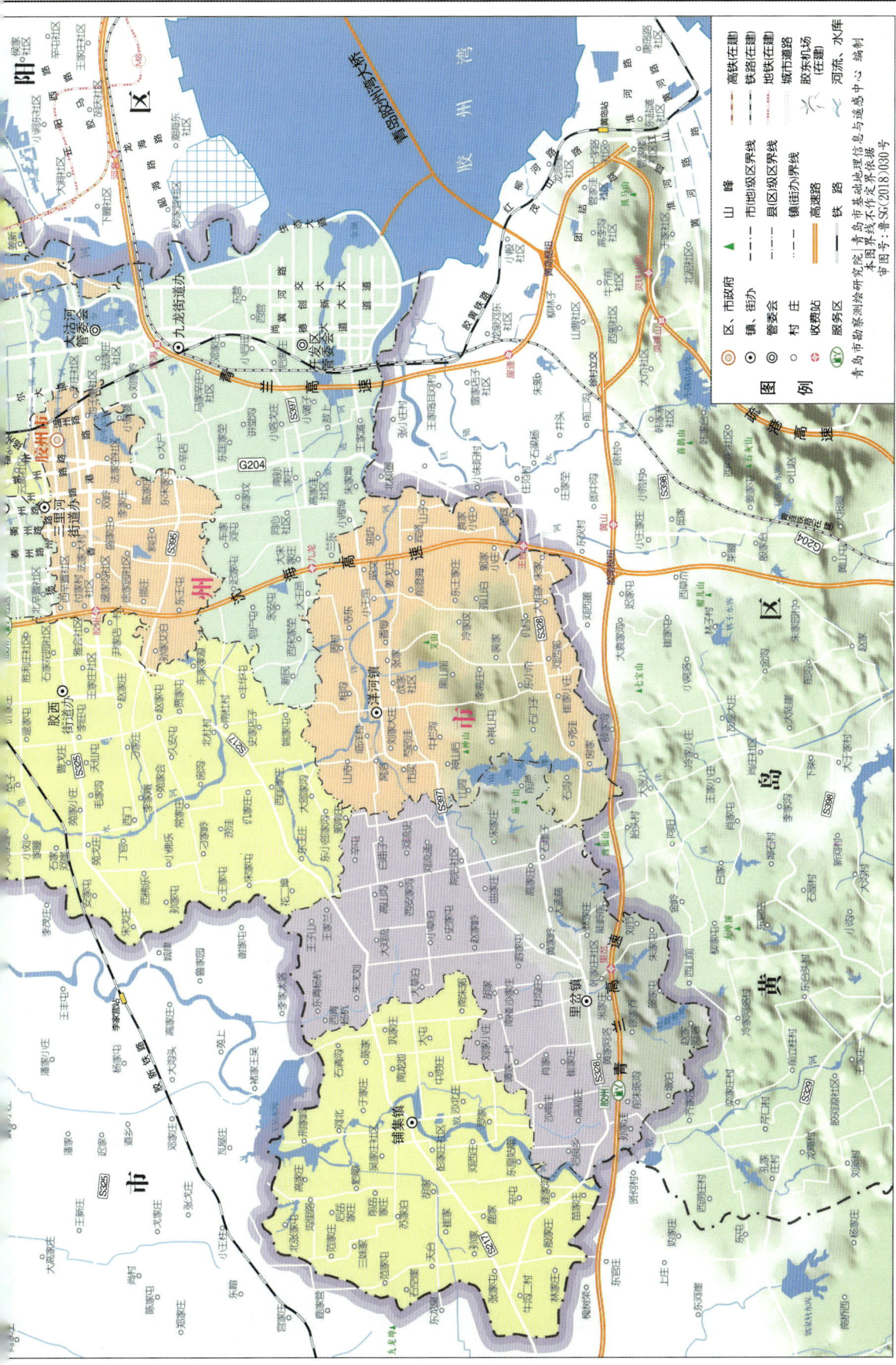

荣 誉 榜

（胶州市获得的部分国家级荣誉）

全国文明城市

中央精神文明建设指导委员会
2017 年 11 月

山东省胶州市
国家卫生城市
（2017-2019）

全国爱国卫生运动委员会

授予 山东省胶州市
国家森林城市

全国绿化委员会
国家林业和草原局
二〇一九年十一月

授予：胶州市
国家园林城市

中华人民共和国建设部
二〇〇八年二月

国 家
环境保护模范城市

国家环境保护总局
二〇〇二年十二月

2010年
中国最具幸福感城市

新华社《瞭望东方周刊》
中国市长协会《中国城市发展报告》工作委员会
中国最具幸福感城市推选活动组委会
二零零零年十二月

全国纪检监察系统
先进集体

中共中央纪律检查委员会
中华人民共和国人事部
中华人民共和国监察部
二〇〇七年一月

二〇〇三——二〇〇四年度
全国科技进步先进市(县、区)

中华人民共和国科学技术部
二〇〇五年十二月

目　录

第一章
胶州印象
JIAOZHOU YINXIANG

大沽河入海口

第一节 胶州概况

地理位置

　　胶州市地处黄海之滨,胶州湾畔,位于山东半岛西南部。市域范围介于北纬 36°00′~36°30′,东经 119°37′~120°12′之间。东西横距 51 千米,南北纵距 54.3 千米,陆地面积 1324 平方千米,海岸线长 25 千米。东邻城阳区、即墨区,西靠高密市、诸城市①,南接青岛西海岸新区(黄岛区),北连平度市。边界线长度 343.4 千米。

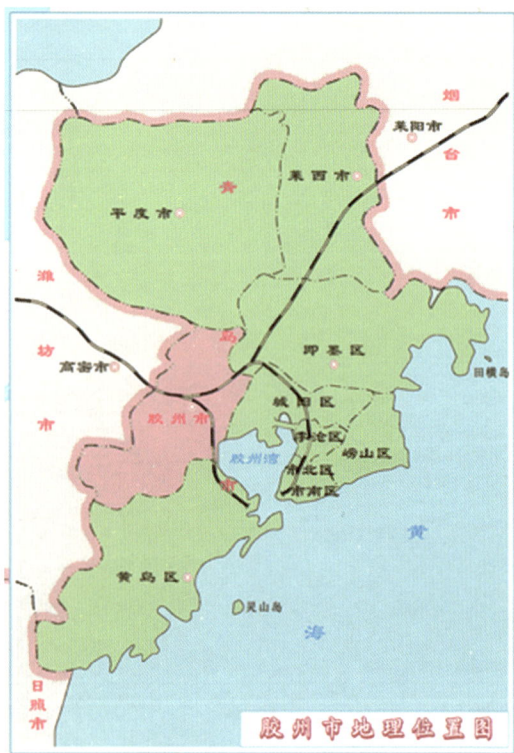

胶州市地理位置图

---

①潍坊市代管。

区位优势

　　胶州市境内有胶济（青岛—济南）、胶黄（胶州—黄岛）、胶新（胶州—新沂）、青盐（青岛—盐城）、胶济电气化、济青高铁6条铁路，拥有两个铁路客运站和中铁联集青岛集装箱中心站①，其中中铁联集青岛集装箱中心站是全国18个集装箱中心站之一、山东省内唯一铁路"陆港"。青银（青岛—银川）、青兰（青岛—兰州）、沈海（沈阳—海口）、204国道及连接青岛主城区海湾大桥连接线，纵横交错，构成四通八达的交通网络。青岛胶东国际机场正在建设中，即将转场运营；还有渔港码头1处。市区至青岛港、黄岛前湾港分别为40分钟和30分钟车程，是山东省重要的交通枢纽和货物集散地。

山川河流

　　艾山　位于市区西南20千米处，是市内最高山，主峰海拔229.2米，由艾山、东石、西石三个景点组成，是一处历史古迹众多、文化积淀丰富的综合性旅游风景区，艾山形成距今已有1.2亿年。现为国家AAA级旅游风景区、省级风景名胜区、省地质遗迹自然保护区。

艾山旅游风景区

---

　　①青岛集装箱中心站：位于胶州站北侧，坐落于青岛胶州市物流产业园区内，连接胶济线、胶新线、胶黄线，紧靠济青高速、济青复线、环胶州湾高速、同三高速，交通十分便利。是铁道部确立的全国18个特大型集装箱中心站之一，是继上海、昆明、重庆等之后全国第七个建成运营的集装箱中心站，是山东境内唯一的铁路集装箱中心站。

艾山西石

 知识拓展

    关于"艾山"名字由来，有一段美丽的民间传说。相传玉帝外甥二郎神杨戬，因犯天条，遭贬被罚。玉帝令其在日落前担山填平东海。二郎神担山撵太阳，行走间被山石绊一踉跄，两筐中各洒落一石块，二郎神怨道"此山碍路"，从此留名"碍山"。后因山上多生艾草，又称"艾山"。二郎神担子里掉下的两石块化作东、西二石，东石在前，为太阳所照呈赤色；西石在后，为二郎神身影遮挡呈青色。明清时著名的"胶州八景"中称此景为"石耳争奇"。

艾山圣母庙

大沽河　大沽河是省辖大型河道,发源于招远市的阜山,流经招远、栖霞、莱州、莱阳、莱西、即墨、平度、城阳、胶州9县(市、区),在胶州市九龙街道码头村南注入胶州湾。大沽河胶州段全长41.5千米,占青岛市境内全长(产芝水库以南)的32.7%,两岸堤防全长58.2千米,占青岛市境内堤防的25.6%。大沽河多年平均入境水量为5.6亿立方米,属常年性河流。

南胶莱河　胶莱河干流是一条南北两端通海、人工开挖的河道,枯水季节在平度市姚家村分水。北流入渤海莱州湾称北胶莱河,南流入黄海胶州湾称南胶莱河。胶莱河因两湾首字得名。南胶莱河长28.97千米,河床宽30余米,流域面积1500平方千米。流经昌邑、莱州、高密、诸城以及平度、胶州等市(县、区)。流域形状呈长方形,南北方向长,而河流是由西北流向东南,犹如长方形之对角线。流域最大宽度64千米,最小宽度8千米,各支流均正交于干流,呈羽状河系,水流由两旁分水岭向干流集中。

胶河　胶河是南胶莱河的主要支流之一,发源于黄岛区六汪镇鲁山一带,北流经胶州里岔镇、铺集镇黄姑庵

"洪畅、堤固、水清、岸绿、景美"的大沽河

村、铺集镇政府驻地入王吴水库,在东北于胶州、高密、平度3市(县)交界处的刁家丘入南胶莱河。胶河干流全长100千米。在胶州市境内长24.2千米,流域面积608平方千米。胶河的突出特点是上游河床断面宽、下游河床断面窄,经常泛滥成灾。

墨水河　古有张奴河、墨水、张鲁河、乌池河诸名。发源于胶州市西南部九龙街道高家艾泊及匡家茔一带丘陵地区,两源于胶西街道雷家孝源村南相汇,流经胶西街道沿胶北街道西界北流,至刁家屯西入高密市境内,在高密市河崖乡郭家屋子村前再入胶州市境内,经胶北街道、胶莱街道于官路滞洪区下游汇入梁沟河、小套河入南胶莱河。河道全长50千米,流域面积339.9平方千米。胶州境内河长29千米。沿岸土质肥沃,村庄密布,是胶州市主要产粮区。

洋河　洋河是胶州市、青岛西海岸新区(黄岛区)的界河。发源于黄岛区吕家和金草沟一带,为主源;西源出自里岔镇陡岭前;两源在里岔镇洋河崖村汇流。流域面积303平方千米,山洲水库以下河道长32千米,堤防长31.9千米,多年平均径流量7371万立方米,属季节性河流。

胶河

城市名片

　　胶州建市以来,在历届市委、市政府的领导下,聚精会神干事业,一心一意谋发展,政治经济全面进步,社会事业协调发展,政通人和,百业俱兴,各条战线均取得可喜成就,人民群众的幸福感、获得感不断提高。从一定意义上讲,这既是胶州改革开放取得辉煌成就的缩影,也是胶州人民努力奋斗的必然结果。获得的国家级荣誉主要有:

全国文明城市	中国最具幸福感城市
国家卫生城市	国家森林城市
国家园林城市	全国纪检监察系统先进集体
国家环境保护模范城市	全国科技进步先进市(县、区)

创建全国文明城市志愿服务月暨"您懂得,别忘了"做文明有礼胶州人活动启动仪式

问题思考

　　同学们,在创建文明城市、卫生城市过程中,你是否曾参与其中呢?你都做了哪些有意义的事情呢?

第二节 建置沿革

胶州由来

　　胶州市境内有河,因水色如胶,称为胶河。胶水之畔适宜居住,胶州因胶水而得名。在南北朝北魏年间,当时的胶州治所在东武①,以胶水命为州名是从这时候开始的。这个胶州只存在了57年,就被隋文帝杨坚改为密州。到了元朝,再次设立胶州(州治设在胶西县),领胶西、高密、即墨三县。1369年(明洪武二年)撤胶西县改为胶州。1913年(民国2年)裁胶州为胶县,属胶东道②管辖。1987年2月12日,建立胶州市(县级),以原胶县的行政区域为胶州市的行政区域。属青岛市代管。

知识拓展

　　立胶州传说　据传原东海中有洪州,因海水上涨,洪州沉入海底,洪州人西迁而立胶州。又传:沉沧州,立洪州,沉洪州,立胶州。"沉、立"之说,不纯属子虚乌有,胶州有谚:"十年河东,十年河西。"胶州民间传说:洪州将沉时,一日,神仙谓洪州一少年曰:"洪州将沉,城隍庙前石狮双眼变红时,即为洪州沉没之日。"少年闻之,每日查看石狮双眼。一卖粥人,嬉将石狮双眼涂红,当日洪水自天而降,洪州沉,原洪州一对夫妻携子从大难中逃出,漂流到现在胶州这个地方,住了下来。后经世代繁衍,这个地方就成了胶州。这一传说在胶州市文化部门编辑整理的《胶州文化志》及《来自胶州的传说》等书中均有记载。2010年,《立胶州的传说》入选胶州市(县级)非物质文化遗产名录。

――――――――――――

　　①东武:即现在的诸城。
　　②胶东道:中华民国初期的行政区划名。辖区约当今山东省广饶、青州、临朐、安丘、诸城、五莲、日照等市县及其以东地区,还包括淄博市临淄区。1925年废。

隶属变迁

这是一片古老的土地,历史悠久,人文荟萃;这是一片文明的土地,百业繁荣,生机无限。远在 4500 年前,就有先民在这里繁衍生息,创造出了世界闻名的三里河文化。时光荏苒,在长达 4000 多年的时间长河里,不同时期的胶州居民傍水而居,文明得以传承,历史得以前进。

夏商时期　属于莱夷之域,莱人、夷人在此繁衍生息。

知识拓展

莱夷是对黄河流域下游居民的总称或是对东方各部落的泛称,也是汉族的族源之一。据说东夷最早发明弓箭,擅长射箭。传说和古典文献记载认为射去九日的后羿是东夷领袖。商周时期在甲骨文和金文中"夷"实际是和"弓"有关。

西周到春秋时期　市境内,西周初期东部有诸侯国莒国,都城①设在计斤,在今三里河街道的城子村。春秋时期西部有诸侯国介国,在今胶西街道城献村西南。

---

①都城:古代指帝王"建都"、"封邑"或"称帝"之城。古代都城指国家的都城及诸侯国、封国的都城,又称京城、国都。今称首都。

秦汉时期　秦始皇二十六年（前221年）以介国地域设立黔陬县，历史上称"黔陬东城"，隶属琅邪郡。到了西汉，市境内除黔陬县外，还有计亓县①、邞县②和祓侯国③；均隶属琅邪郡。到了东汉建武十三年（37年）撤销邞县、计亓县，其地并入黔陬。

西晋至隋代　西晋元康六年（296年），高密王国都城

秦代黔陬县略图

设在黔陬，治所④迁到胶河西岸（今铺集镇西北），历史上称"黔陬西城"。北魏永安二年（529年）设置胶州（胶州地名在历史上首次出现），治所在东武。隋开皇五年（585年）胶州更名密州；开皇十六年（596年）设置胶西县，治所在今高密市胶河与墨水河之间，历史上称隋胶西城；大业元年（605年）撤销黔陬县，其地并入胶西县。黔陬县从设到撤，共历时827年。

---

①计亓县：治所在计斤城。今在三里河街道城子村。
②邞县：邞，音fū；邞县，治所在今铺集镇黔陬村。
③祓侯国：祓，古音为fèi，普通话为bó；祓侯国，治所在今里岔镇牧马城。
④治所：古代指地方政权的政府驻地所在。

知识拓展

　　北魏永安二年(529 年)设置的胶州,为胶州名之始,但其地域涵盖今胶州、高密、诸城等地。《增修胶志》载:"初置胶州,领东武、高密、平昌三郡,治东武郡,以胶名州始此。"说明当时的胶州治所在东武,存在时间只有 57 年。

　　唐宋时期　唐武德六年(623 年)撤销胶西县,其地并入高密县,又在高密县东部(今胶州地域)设立板桥镇。五代时期,虽经后梁、后唐、后晋、后周改朝换代,但板桥镇的隶属关系未变。北宋元祐三年(1088 年)设立胶西县,治所在板桥镇。

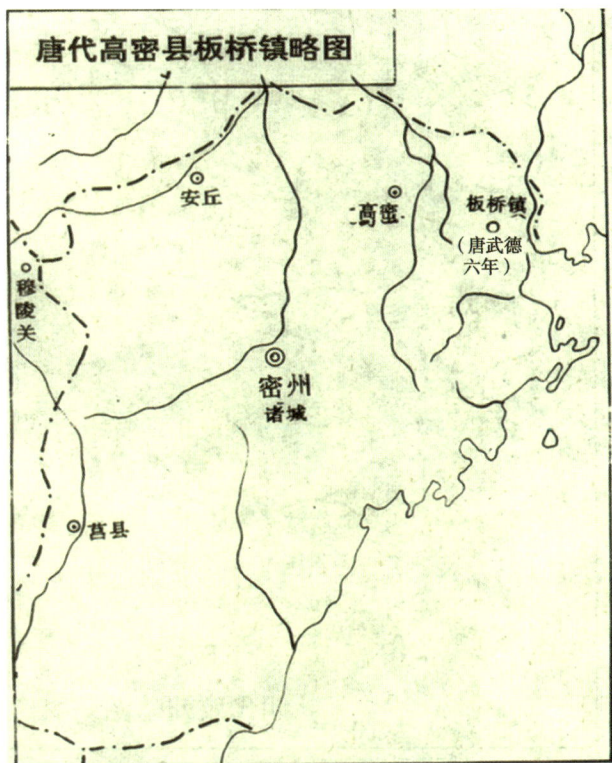

唐代高密县板桥镇略图

知识拓展

　　板桥镇,唐宋时期镇名。据《增修胶志·大事记》记载:"唐高祖武德五年,改高密郡为密州;六年省胶西入高密县,以县东部设置板桥镇。"其位置在城西关,原群众称为"土城口"的地方,即板桥镇和胶西城的残垣所在,现已不复存。北宋元祐三年,以板桥镇为胶西县,兼临海军使;此为胶州境内胶西县城。

北宋时期板桥镇复原图(胶州市博物馆设计,现存于高凤翰纪念馆)

　　元明清民国时期　元太祖二十二年(1227年)设立胶州,治所在胶西县,辖胶西、高密、即墨三县。明洪武二年(1369年)撤销胶西县,改名胶州,仍辖高密、即墨二县。清雍正十二年(1734年)裁掉灵山卫,并入胶州。清光绪二十四年(1898年),德国强行租借胶州湾及沿岸,塔埠头到积米崖一带45个村(屯)划入胶澳租界;光绪三十年(1904年),胶州升为直隶州,直属山东布政使司。中华民国二年(1913年)撤销胶州,改为胶县。

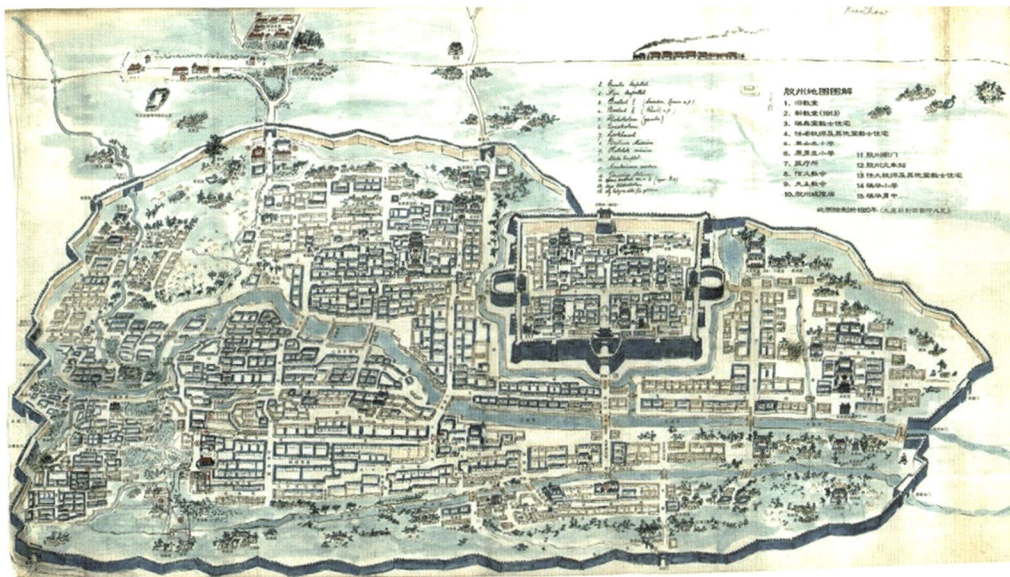

胶州内外城郭①图(此图绘制于 1920 年)

中华人民共和国　1949 年 10 月撤销胶高县,将沽河、丰隆、胶莱、北都、联屯 5 个区划入胶县;1953 年 6 月撤胶河县,将沙河、牛沟、朱郭 3 个区划入胶县;1956 年 2 月,胶县改属昌潍专区;1957 年 1 月,将平度县的刘家花园、沟西、刁家丘、河南 4 个村划入胶县;1958 年 10 月,胶县划归青岛市;1961 年 5 月,重新划归昌潍专区;1978 年 11 月,再度划归青岛市。1987 年 2 月,国务院批准撤销胶县,以原胶县的行政区域设立胶州市(县级),属青岛市代管。

问题思考

同学们,你知道胶州这一地名最早出现在哪个朝代吗?

①城郭:古义是指内城和外城,现在泛指城或城市。城指内城的墙,郭指外城的墙。

■ 第二章
实力胶州
SHILI JIAOZHOU

财富中心商业街

第一节 品牌农业

近几年来,胶州市全面实施农产品品牌发展战略,以"绿色、安全、高效"为宗旨,培育和打造了以胶州大白菜、里岔黑猪、胶西马铃薯等为代表的一批具有地方特色的优质农产品品牌。

胶州大白菜

胶州大白菜

提及胶州农产品品牌,不得不提的便是胶州大白菜。胶州大白菜俗称"胶白",至今已有1000多年的种植历史,因其"帮嫩薄、汁乳白、纤维细、生食脆、熟食甘"等优点而著名,远在唐代即享有盛誉。传入日本、朝鲜后,被尊称为"唐菜"。成为青岛市首个国家原产地证明商标①,被评为中国名牌农产品和最具竞争力地理标志商标。

①原产地证明商标:证明商标的一种类型,用以证明该商品或者服务的原产地的标志。原产地证明商标是一种地理标识,是特定商品或者服务的来源的标志。它可以是国家名称及不会引起误认的行政区划名称和地区、地域名称,用于标示该地的商品或者服务质量或特征完全或主要是由该地理环境所致。

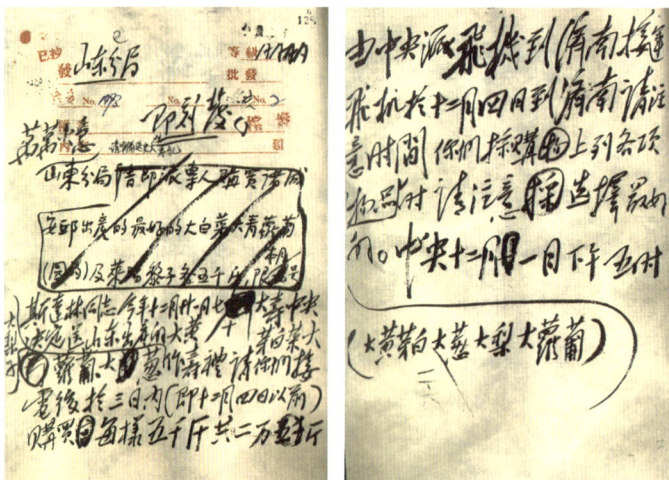

毛主席亲笔书写的送斯大林生日礼单

宋庆龄收到毛主席赠送的胶州
大白菜后给毛主席写的感谢信

知识拓展

胶州大白菜是蔬菜中的大明星。鲁迅先生在散文《朝花夕拾·藤野先生》中写道："北京的白菜运往浙江，便用红头绳系住菜根，倒挂在水果店里面，尊为'胶菜'……"；陈毅元帅曾在诗中赞美："伟哉胶菜青，千里美良田"；公元1875年，胶州大白菜在东京博览会上展出，从此名扬天下。1949年斯大林七十大寿时，毛泽东主席亲自指定赠送胶州大白菜5000斤作为寿礼（书信中所写的黄芽白菜就是胶州大白菜）。1957年冬，毛泽东主席派人给宋庆龄送去一些大白菜。宋庆龄非常高兴，复信致谢："承惠赠山东大白菜已收领。这样大的白菜是我出生后头一次看到的。十分感谢！"

16

里岔黑猪

里岔黑猪以其产地和毛色得名,是国内优良猪种,身长体壮,抗病力强,肋骨 15~16 对,具有比一般猪多 1~2 根胸腰椎骨的独特性状,其瘦肉率达 50.8%。有关专家认为应把它作为"国宝",保护并加快发展,现已通过国家工商行政管理总局地理标志证明商标注册,是胶州市第二个农产品地理标志证明商标。

国家地理标志产品证书

胶州市里岔黑猪养殖基地

胶西马铃薯

马铃薯的人工栽培最早可追溯到公元前 8000 年到公元前 5000 年，原产于南美洲安第斯山区。胶州是知名的马铃薯之乡，有几十年的马铃薯种植历史。胶西街道被誉为山东省马铃薯"第一镇"，特别是春季马铃薯在全国具有很强的竞争优势。在"公信"、"墨河绿"等商标注册基础上，"胶西马铃薯"被农业部确定为地理标志保护产品。

胶西马铃薯

问题思考

亲爱的同学们，在胶州地区有一种特殊的气候现象，被称为"倒春寒"，你知道什么是"倒春寒"，其成因是什么，对农业生产有什么影响吗？

第二节 先进制造业

在我国,工业门类主要分重工业和轻工业,有 39 个大类,525 个小类。胶州市工业拥有 18 个大类,360 多个小类。改革开放以来,胶州市秉承"工业立市"、"制造强市"战略,坚持规划引领,创新驱动,优化服务,工业经济一路嬗变升级,从服装、运动鞋、制帽等工业腾飞发展成为全球最大的冷藏箱研发制造基地,亚洲最大的船用锅炉制造基地,全国最大的电力装备、钢结构、轮胎数字化装备制造等生产基地。

位于国家级胶州经济技术开发区的中国国际海运集装箱(集团)股份有限公司

步入新时代,在新旧动能转换工程引领下,依托"互联网＋"、大数据、人工智能等新技术新理念,胶州制造加速转型胶州智造,工业经济迈向高质量发展,先进产业集聚的蓝图在胶州这方热土上徐徐展开。五大新动能战略发展平台引凤来栖,海尔空调胶州互联工厂通过工业4.0的智能制造实现柔性量产,年产值20亿元的东软载波信息产业园一期项目投产运营,中科唯实人工智能产业园、京东"亚洲一号"电商产业园、中国物流(上合)电商冷链产业园、华为智谷、上合嘉里物流等一批大项目、好项目、强项目纷纷落户⋯⋯

青岛软控智能体验中心

从胶州制造的身上,我们看到越来越多的话语权和主动权,真切感受着区域工业经济发展的澎湃动力和无限活力。胶州制造的明天,必然更加精彩,愈加值得期待。

问题思考

同学们,胶州的工业已经进入了高端制造和智能制造行列,有机会深入相关企业了解一下吧!

第三节　商贸物流

依托全市平台载体建设和城市重点片区建设，不断壮大商贸、物流等主导服务业，同时积极探索新兴服务业引进渠道，加大现代服务业在全市经济体系中的比重，实现转方式、调结构良性发展。

东部中央商务区

东部中央商务区范围为：温州路以东、站前大道以西、扬州路以南和香港路以北合围区域，地理位置十分重要。它作为胶州市未来经济发展的龙头，是集金融、商贸、文化、服务、办公、学校、医院于一体的经济核心区，对完善城市主体功能、推进城市转型发展具有重大意义。该区于2016年开始建设，各项基础设施建设正在如火如荼的施工当中，先后完成了三里河下游整治，实施了高端人才配套项目，建设启用了瑞华中学、瑞华小学等。

东部中央商务区

西部商贸区

近年来,直面电商冲击下传统商贸业发展困境,研究论证西部商贸区发展路径,探索传统商贸与电子商务、智慧物流融合发展新路子。大力推进招商引资,培育发展山东联禧电商产业园、阿里巴巴农村淘宝服务中心。优化提升泸州路、梧州路等主干道路综合功能,加大护城河及周边治理力度。

西部商贸区

现代物流①

近年来,以建设"一带一路"供应链枢纽城市为目标,发挥"海陆空铁"四位一体的区位交通优势,打造亚欧大通道多式联运中心和投资贸易便利化平台。向东打通日韩以及北美、加拿大的通道,向西打通至欧洲的通道,向南打通至东盟、北非的通道,搭建一条全新高效的国际物流大通道。目前,以京东、宝湾、传化公路港、普洛斯物流等重点项目为代表的开发区物流板块形成集聚效应,交易额将突破1000

①物流的概念最早是在美国形成的,起源于20世纪30年代,原意为"实物分配"或"货物配送"。

亿元。与清华大学开展合作,成立清华大学青岛物流研究院、清华－北卡胶州双创基地,通过产学研深度融合,为物流之城建设提供智力支持和人才支撑。

"仁川—胶州—凭祥"海铁联运集装箱国际班列发车仪式

问题思考

亲爱的同学们,家乡经济的繁荣为我们带来了富足的生活,希望同学们在享受幸福生活的同时,也能养成勤俭节约的好习惯呀!

■■■■ 第三章

活力胶州

HUOLI JIAOZHOU

中国—上合组织地方经贸合作示范区

第一节　中国—上海合作组织地方经贸合作示范区

　　2018 年,在青岛举办的上合组织成员国元首理事会第十八次会议上习近平主席郑重表示,中国政府支持在青岛建设"中国—上海合作组织地方经贸合作示范区"。胶州作为上合示范区所在地,迎来了千载难逢的历史机遇。

　　2019 年 7 月 24 日,中央深改委第九次会议通过了《中国—上海合作组织地方经贸合作示范区建设总体方案》,为上合示范区建设注入了强大的政治动力、精神动力和工作动力。

　　上合示范区实施范围在胶州经济技术开发区内。近期目标是立足与上合组织国家相关城市间交流合作,通

中国—上海合作组织地方经贸合作示范区核心区规划图

↘ 交通枢纽
TRAFFIC HUB

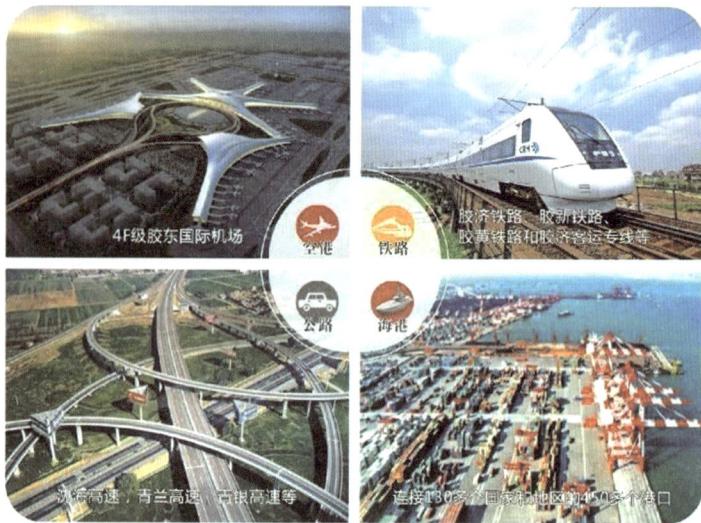

中国—上海合作组织地方经贸合作示范区有着无与伦比的便利交通

过建设区域物流中心、现代贸易中心、双向投资合作中心和商旅文交流发展中心，打造上合组织国家面向亚太市场的"出海口"，形成与上合组织国家相关城市间交流合作集聚的示范区。中远期目标是努力把上合示范区建成与上合组织国家相关地方间双向投资贸易制度创新的试验区、企业创业兴业的聚集区、"一带一路"地方经济合作的先行区，打造新时代对外开放新高地。

🧒 知识拓展

上海合作组织　2001年6月15日，中华人民共和国、哈萨克斯坦共和国、吉尔吉斯斯坦共和国、俄罗斯联邦、塔吉克斯坦共和国、乌兹别克斯坦共和国在中国上海宣布成立永久性政府间国际

2018 年 10 月 28 日，中国上合＋贸易投资自由化便利化论坛召开

组织。宗旨是加强成员国的互相信任与睦邻友好；鼓励成员国在政治、经济、科技、文化、教育、能源、交通、环保和其他领域的有效合作；联合致力于维护和加强地区的和平、安全与稳定；建立民主、公正、合理的国际政治经济新秩序。上海合作组织每年举行一次成员国国家元首正式会谈，定期举行政府首脑会谈，轮流在成员国举行。2017 年 6 月 9 日，上合组织首次扩员，印度和巴基斯坦正式成为上海合作组织成员。现在上海合作组织已成为人口最多、地域最广、潜力巨大的跨区域多边综合性组织，为维护地区安全稳定、促进共同发展繁荣作出了重要贡献。

问题思考

同学们，胶州市有"中国—上海合作组织地方经贸合作示范区"，还是"一带一路"国际贸易大通道的重要节点，请查阅相关资料，深入了解一下吧！

第二节 国家级青岛胶东临空经济示范区

青岛胶东国际机场落户胶州后，以机场为核心规划建设临空经济示范区，总规划面积149平方千米，其中核心区位于胶州市域，规划面积139平方千米。青岛胶东国际机场一期呈海星状，造型优美而独特，突出了青岛的海洋文化；远期"齐"字总体布局，回应了齐鲁悠久文明。新机场的落户，为胶州市未来的发展注入了强劲的活力。

国家赋予了青岛胶东临空经济示范区四大发展定位：区域性航空枢纽、高端临空产业基地、对外开放引领区和现代化生态智慧空港城。围绕发展定位，青岛胶东临空经济示范区积极对标荷兰史基浦机场、韩国仁川机场空港城，确立了"5年追赶、10年比肩、10～15年引领"的总体发展目标，力争实现在区域发展上，争做全国临空经济示范区的排头兵；在经济发展上，争做山东新旧动能转换的引领区；在对外开放上，争做东北亚最具影响力的

青岛国际机场临空经济示范区规划鸟瞰图

胶东国际机场和临空经济区项目合作框架协议集中签约仪式

自由贸易港；在城市建设上，打造生态美丽智慧的航空城。

2018 年 4 月 27 日，胶州市牵头发起成立中国临空经济示范区发展联盟，并当选第一届理事长单位。

中国临空经济示范区发展联盟在胶州成立

 知识拓展

青岛胶东国际机场　将建成 4F 级国际机场，是机场中等级最高的一种，可以起降各种大型飞机。2015 年开工建设，2020 年转场运营。一期工程以 2025 年为目标年，建设 2 条平行远距跑道，跑道长度 3600 米，跑道间距

2200 米,航站楼面积 45 万平方米,建成后年旅客吞吐量 3500 万人次、货邮吞吐量 50 万吨,飞机起降 30 万架次。远期则以 2045 年为目标年,规划将再建设 2 条近距跑道,跑道长度 3200 米,航站楼

候机大厅效果图

面积达 70 万平方米,年旅客吞吐量 5500 万人次、终端 6000 万人次,货邮吞吐量 100 万吨,飞机起降 45 万架次。

问题思考

同学们,机场促进当地经济发展,请查阅相关资料了解一下临空经济都包含哪些方面吧!

青岛胶东国际机场效果图

30

第三节 国家级胶州经济技术开发区

2012 年 12 月, 国家级胶州经济技术开发区获批, 成为青岛经济技术开发区获批 30 年来, 青岛市第二个获批的国家级开发区。

坚持产业立区、产业兴区、智造强区, 打造高端产业聚集区, 引进京东跨境电商产业园、中科唯实人工智能产业园、尼德科、特锐德等世界 500 强和中国 500 强高端优质项目, 培育形成智能制造、智慧冷链、智能家居、生物医疗、供应链物流、互联网电商、科创平台七大主导特色产业集群。

京东亚洲一号现代物流内部场景

京东亚洲一号

国家高新技术企业特锐德项目

按照"产城融合"的发展理念,推进生产、生活、生态深度融合,抓好基础设施、民生服务、生态环境等重点内容,全面提升城市配套和宜居水平,让人民共享经济发展成果。吸引了青岛大学胶州校区、青岛幼儿师范、中加国际学校、青岛大学附属幼儿园、附属小学、附属初中前来落户办学,教育配套体系不断完善;积极推进市民公园等建设,提高宜居宜业水平,打造胶州湾最美岸线,全面绽放滨海城市魅力。

①产城融合:是指产业与城市融合发展,以城市为基础,承载产业空间和发展产业经济,以产业为保障,驱动城市更新和完善服务配套,提升土地价值,达到产业、城市、人之间有活力、持续向上发展的模式。

如意湖周边生态环境

继续完善"六院双基地多中心"的创新体系，打造胶州经济技术开发区"最强大脑"。加快推进中科院人工智能研究院、山东理工大学青

西安交大青岛研究院、中国机械研究总院青岛分院鸟瞰图

岛研究院等规划建设，继续发挥清华大学物流研究院、清华同方海洋防务与装备研究院、西安交大青岛研究院、中国机械科学研究总院青岛分院等创新高地作用，提高产学研成果转化能力，实现高校院所与企业转型升级协同发展。

传化公路港

知识拓展

西安交通大学青岛研究院 在胶州经济技术开发区，建筑面积 21 万平方米，建设集教育培训基地、科学研究基地和科研转化成果基地等功能于一体的服务平台。西安交大青岛研究院依托西安交通大学 7 个重点实验室，在胶州打造装备制造研发平台、先进材料研发平台、环保物联网总量控制—排污权交易云计算系统平台等"七大平台"，为全市培养大批社会管理和科技创新人才，为人才队伍整体层次提供支撑。

西安交大青岛研究院

问题思考

同学们，胶州经济技术开发区发展得怎么样呢？假期抽时间参观了解一下吧！

第四节 国家级多式联运示范物流园区

　　国家级多式联运示范物流园区立足青岛"一带一路"新欧亚大陆桥经济走廊主要节点和海上合作战略支点定位，设立新港州、全贸通等大宗商品交易中心以及胶州海关，口岸功能更加完善。

　　国家海关总署在胶州市国家级多式联运示范物流园区设立青岛多式联运海关监管中心，成为继西安之后的全国第二家。海关、国检入驻园区并全面开展业务，把园区打造成具备铁路运输、报关、通关、转关、查验、过境、转运、直通监管、跨境电商集散和保税仓储、集拼、简单加工等功能的新型海关特殊监管区。

　　多式联运海关监管中心被确定为全国多式联运示范工程项目、"一带一路"互联互通综合贸易枢纽项目。先后开通了"中亚"、"中蒙"、"中韩快线"、"中欧"、"东盟

全国18个中心站之一——中铁联集青岛集装箱中心站

专线"等国际班列,胶州至乌鲁木齐、西安、郑州、洛阳等省外班列以及胶黄小运转省内班列,加速构建起全方位的互联互通物流大通道。"齐鲁号"欧亚班列顺利首发,成功开行俄罗斯、乌兹别克斯坦回程班列,全年集装箱作业量突破 53.6 万标准箱。新港州、全贸通等大宗商品交易中心落地运营。胶州海关获批设立,B 型保税物流中心获省政府批复并开建,口岸功能更加完善。

中国·青岛跨境电子商务综合实验区胶州产业园

胶州海关开关运行

知识拓展

海关　依据本国(或地区)的法律、行政法规行使进出口监督管理职权的国家行政机关。"海关"的英文单词 Customs，最早是指商人贩运商品途中缴纳的一种地方税捐，带有"买路钱"或港口、市场"通过费""使用费"的性质。各国政治、经济情况不尽相同，海关职责也有差异，即使同一国家，各个历史时期海关职责也有变化。《中华人民共和国海关法》规定，中国海关职能有4项：监管、征税、查私和编制海关统计。

中欧（青岛）国际班列开通运行　　青岛多式联运班列开通运行

青岛至中亚班列"青岛号"开行

问题思考

　　同学们，多式联运示范物流园区促进了胶州与世界的联系，你知道货物从胶州能直达世界哪些地方？

第五节 大沽河省级生态旅游度假区

胶州市要把大沽河省级生态旅游度假区打造成青岛新城市会客厅,集产业、商业、居住、旅游多元业态于一体,加速聚集总部经济、国际人才,争创国家级旅游度假区。

大沽河省级生态旅游度假区位于胶州市区东南,处于胶州湾西北海岸。度假区内少海国家湿地公园①是青岛市第一家国家级湿地公园;度假区被评为国家级水利风景区、国家 AAAA 级风景区。第二届"中国秧歌节"启动仪式、"观世博、游山东"启动仪式、胶州"中国剪纸之乡"暨胶州市首届文艺奖颁奖仪式等重大活动相继在度假区举行。

---

①少海国家湿地公园:地处胶州湾畔,主要包括度假区南湖、北湖以及周边部分缓冲区域,湿地面积 513.9 公顷,是山东省第一家正式挂牌的国家级湿地公园。

青岛大沽河省级生态旅游度假区鸟瞰图

位于度假区复建的板桥镇市舶司夜色

度假区以文化养生、生态宜居、创意度假、快乐养生和商务会展为五大主题,努力打造青岛市新城市会客厅,创建青岛市旅游新节点,推动全区河、海、湖、泽一体化发展,打造了大沽河历史博物馆、板桥镇、慈云寺、万佛塔、孔子六艺文化园等主题项目。

孔子六艺文化园大型祭孔活动

知识拓展

沽河渡

〔清代〕法若真

飞虹北望折中流,长使蛟龙半夜愁。

落落青茅遮断壁,行行白鹭宿横洲。

慕客车骑双沽尽,秦帝楼船大海收。

直到穆陵三岛外,书生何事不封侯?

问题思考

同学们,大沽河省级生态旅游度假区聚集了许多历史文化因素,去感受一下吧!

宝龙大沽河历史文化街区

第四章
记忆胶州
JIYI JIAOZHOU

胶州古城用成门城楼及护城河

第一节 古城遗址

胶州境内,自周武王十三年至东汉建武十三年,先后有莒国、介国、祓国等诸侯国;自秦始皇二十六年设立黔陬,境内先后有黔陬、柜县、邽县、胶西县等建置。随着这些诸侯国、郡县在境内建都建城,使胶州境内现存了众多古城遗址。

莒国

西周时期的国名。据《增修胶志·大事记》记载:"周武王十三年,封少昊之裔兹舆期为莒子,都于计。"由此可见,莒国的都城设在计斤,位于三里河街道的城子村;后来南迁,再后来到了汉初,撤销并入黔陬。

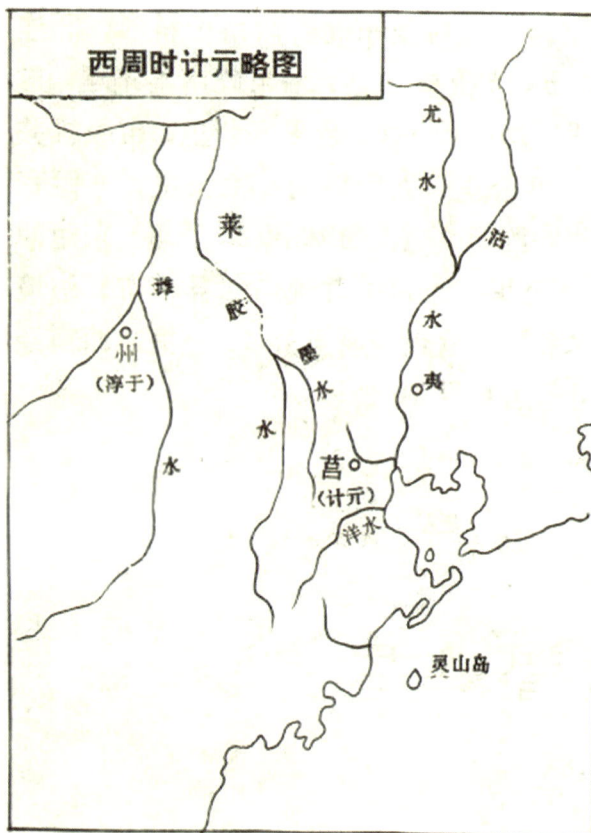

西周时期计亓略图

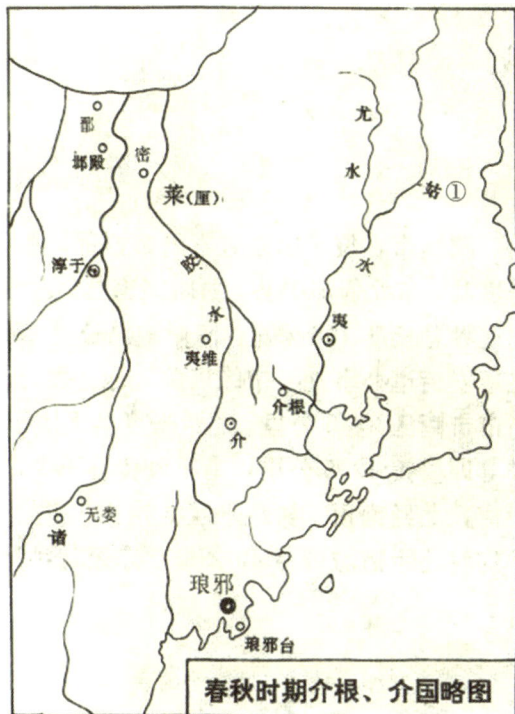
春秋时期介根、介国略图

介国

春秋时期国名，又称介氏或介葛卢。根据《中国历史地图集》标注的位置，1981年秋结合考古勘察验证，位于胶西街道城献村西南1千米处，跨朱诸路东西长约1000米，南北宽约500米。

知识拓展

据《左传》记载："介，东夷国也。葛卢，介君名。"据《增修胶志·大事记》记载："襄王二十一年春，介葛卢朝于鲁。"民国版《辞源》"介葛卢"条注："春秋时之国君，僖公二十九年朝于鲁，能通牛语。"均指此地。其名称来历，从三里河原始氏族社会文化遗址大量堆积的牡蛎、蚌壳情况推测，因其地近海，水族鳞介动物特别多，故称介根，可能也与介国名称有关。

①姑水：即大沽河，古代写作姑水。

春秋时期介国遗迹现貌

黔陬城

古县名,秦始皇二十六年设立。位于铺集镇,与原有村同名,因修王吴水库村庄西迁,旧址已被库水淹没。

 知识拓展

据《增修胶志·大事记》记载:"秦始皇帝二十六年灭齐,置琅琊郡,始置黔陬县",当时属琅琊郡。"东汉光武帝建武十三年……琅琊郡琅琊县、计斤入黔陬侯国,改属青州刺史部东莱郡。""献帝建安三年分北海,置成阳郡,以黔陬县属"。"太康十年,移城阳郡治于黔陬县。""惠帝元康五年夏六月,以城阳郡改置高密国,徙陇西王泰为高密王,邑万户,都黔陬,北迁治于胶水西,"此为黔陬西城,其位置在今铺集镇西北。《中国历史地图集》标注为西汉,其位置在古介国坐标,即今胶西街道城献村西南1千米处。考古实地勘察汉代陶瓦片较多,也就是史书所说的黔陬东城或古城。

被国都城遗址

被国遗址(牧马城遗址)

汉代侯国名,位于里岔镇。建立于公元前119年,于公元37年被撤销,共持续了156年。

到了明代,胶州所辖范围与权限比以前扩大了,军事、地理位置非常重要,因此在胶州择地养马,以供军政需要。被国都城虽然已废,因其地处丘陵平原,附近有尧王山、石马山,原城略加修整,成为养马的宝地。据《增修胶志》记载:"明择地养马,因旧而更新之",昔日的裱国都城就这样在明朝成为了至今闻名遐迩的"牧马城"。它是青岛地区保存比较完整的唯一一座汉代古城遗址。

牧马城遗址

知识拓展

　　牧马城　城郭呈正方形,总面积为 4.8 公顷,城周 2 千米,每面中间有一城门,东、西、北三面的城门已不见痕迹,南门遗址仍然可寻。围绕在南城门外的小城,又叫瓮城,保留有 10 米长的城墙遗址,其高度平均为 2 米以上,有的地方达 3 米左右。从城墙冲刷的坡度来看,原来城墙的高度应当在 7~8 米间,宽约 6 米。城墙系用夯土筑成,至今土层坚实,当年夯土的柱洞仍然清晰可见。现在城内已无任何建筑,地面上还残存着汉代的砖瓦、陶片,曾出土过铜箭头、铜洗和玉石,当地群众也经常发现有"货泉"和"五铢"字样的铜币。1984 年,青岛市人民政府将牧马城遗址列为青岛市级重点文物保护单位。

胶西城

县名。隋代设立胶西县,位于高密市柏城镇前朱家庄南,为隋胶西城。宋代哲宗元祐三年,以板桥镇为胶西县,兼临海军使,此为胶州境内的胶西县城。

知识拓展

据《增修胶志·大事记》记载:"隋文帝开皇十六年置胶西县,治于胶(河)墨(河)二水之间,"位于今高密市柏城镇前朱家庄南。唐高祖武德六年省胶西入高密县,以县东部设置板桥镇。"哲宗元祐三年,以板桥镇为胶西县,兼临海军使。"这时的胶西县城已东迁至今胶州市原城西关群众所称的"土城口",即宋胶西城。历史上这两个胶西县城,均不在胶水之西,名称来历因其历史较晚,主要为区别秦之胶东郡、西汉之胶东国和东汉之胶东,故称胶西。

三里河遗址

三里河遗址出土的环状兽形鬶①

三里河文化遗址

位于三里河街道北三里河村,面积约5万平方米,属大汶口文化至龙山文化遗存。

中国社会科学院考古研究所山东队于1974年秋和1975年春对三里河遗址进行两次发掘,发掘面积约1500平方米,出土文物达2000余件。遗址地层堆积为上、下两层:下层为大汶口文化晚期遗存,距今约4500年;上层是龙山文化遗存,距今3800～4300年。这一文化层相叠压的发现,不仅再一次证实大汶口文化早于龙山文化相对

———————
①鬶,音 guī。

年代,更重要的是明确了龙山文化对大汶口文化的继承关系,以及它与鲁中南地区的大汶口文化和龙山文化有着若干地区性差异。

三里河遗址出土的红陶鬶和薄胎高柄杯

　　2006 年,三里河遗址被国务院公布为"第六批全国重点文物保护单位"。

板桥镇遗址

　　位于胶州市老城区,其保护范围南至云溪河,北至郑州东路以南,东到湖州路以东,西至广州路。

　　1996 年 12 月,在兰州路市政府宿舍建设工地,首次发现宋代板桥镇文化堆积遗存。考古队对工程占压的板桥镇遗址进行抢救性发掘,清理面积 60 余平方米,发现宋、明、清时期文化堆积。

板桥镇遗址出土文物

　　2003 年,胶州云溪河改造和湖州路市场建设施工中,出土大量宋、金时期瓷片。2008 年 9 月至 2009 年 6 月,对工程占压的 8000 平方米板桥镇遗址进行抢救发掘,发现宋代文化层内多组规模宏大、布局相对完整的建筑基址,有与之相联系的砖砌排水沟、庭院、水井、灶址、东西大道等。

宋代瓷片

保存完整的宋代瓷碗

　　板桥镇遗址大型公共建筑群市舶司衙署、仓储的发现和大量铁钱、各类窑口瓷片的出土,印证宋代密州板桥镇在中国北方港口中地位。考古发掘出土遗物多是贸易品,通过远洋和内陆运输而来。数以万计瓷片,涵盖北宋时

发掘出的北宋时期铁锅

期所有著名窑系产品,证明板桥镇港在宋代北方地区物资流通中枢纽地位和港口贸易繁荣。

2013年,板桥镇遗址被国务院公布为"第七批全国重点文物保护单位"。

2015年,胶州市出资8亿元在少海景区西南侧重建板桥镇,先后复建了板桥镇市舶司、高丽亭馆、水师营、榷场、民俗馆等古风建筑,再现了古胶州海运文化和海埠商贸的繁荣盛景。

位于大沽河省级生态旅游度假区的复建板桥镇一角

知识拓展

唐武德六年(623年),设置板桥镇。唐朝开始致力经营与海外诸国的海上交通,唐朝的使臣经常由此前往高丽、新罗等国,高丽和日本的商贾、使臣、僧侣等也由此进入中国内地,双方进行经济文化往来。北宋元丰七年(1084年),高丽国(今韩国、朝鲜)国王和世子先后病逝,朝廷派杨景略从板桥镇出发前去吊唁。杨景略在大海上遇到大浪平安归来后便建议朝廷在板桥镇设立海神庙。北宋元祐三年（1088 年），以板桥镇改设胶西县兼临海军使。在宋朝北方沿海，有了一个国家级"海关"，管理内外航运事务和抽取进出口贸易税。板桥镇与广州、杭州、明州（今宁波）、泉州并称宋代五大港口。板桥镇既是海关要冲，又是海防屏障。而作为停泊码头和驻防抽解务机关的塔埠头，其兴隆景象更是非凡，南船北舟，帆船林立，商贾游旅云集，两广、福建、淮东、闽东、河北等路的物资南调，水路转输皆在此集散。元、明、清各代均建都北京，军粮民食多赖南方供应，胶州港和塔埠头码头的运输量大增，盛时年运量达 360 万石。明、清时期曾实行海禁，对全国港航事业的发展造成重大影响，而胶州的近海航运始终没有中断。塔埠头名为贸易商港，实为胶东海洋门户。胶州之所以被称为鲁东商品集散地，与塔埠头有直接关系。据记载，民国初年贸易额尚达 300 万元以上。在青岛建港之前，塔埠头为北方良港。

北宋时期板桥镇繁荣景象复原图

问题思考

同学们，胶州历史如此悠久，作为当代中学生的你们，应该怎样做让家乡变得更加美好呢？

第二节 人文景观

胶州市具有悠久丰厚的历史文化资源。近年来,胶州市重修或者兴建了一批仿古建筑,采用仿古场景复原形式,集中展现了古代胶州辉煌历史,集文化观光、民俗博览、娱乐休闲、旅游度假于一体,成为胶州市一道靓丽的人文景观。

城隍庙

位于市区兰州东路 95 号,占地面积 4043.5 平方米。现存城隍庙建筑包括山门、大生殿、广生殿、灵官殿、土地庙、戏楼、灵佑侯府(前殿)、东西翼区、东廊房、西廊房、瑞星殿(中殿)、寝殿(后殿)等。房屋为砖木结构,组合形式是传统的四合院式。据《增修胶志》记载,胶州城隍庙自明洪武二年,至民国十年共重修 13 次之多。2006 年,胶州市政府本着"修旧如旧"原则对胶州城隍庙进行全面修缮,恢复明代风貌,并于 2010 年 1 月 1 日正式对外开

清末城隍庙会

放。2013年,胶州城隍庙被山东省人民政府公布为"第四批省级文物保护单位"。

胶州城隍庙灵佑侯府(前殿)

知识拓展

胶州民间有一句顺口溜:"胶州城,实在怪,城隍庙,在城外。"其实胶州的城隍庙当时也是建在胶州城东门里。相传胶州城中有张诚、李实两位先生,两人原是至交,有一次张诚借了李实两吊钱,到了年底李实找张诚讨账,张诚正好囊中羞涩,不还又没理由,最后干脆赖账,两人争论无果后,决定到城隍庙磕头赌咒,让城隍爷显灵,看谁赖账。当天晚上,张诚心虚,备了些水果点心,偷偷到城隍庙磕头、祷告,贿赂了城隍爷。第二天清早,李实约了张诚来到城隍庙,两人磕了头,并进行了赌咒,李实说:"如果张诚还了我钱,我昧心说没还,请城隍爷叫我出此门磕断腿。"张诚见状随即也说:"我如果赖账不还,请城隍爷叫我出此门磕破头"。结果两人出城隍庙大门时,城隍爷暗使法术叫李实磕在门槛上,把腿磕断,从此李实又冤、又气,大病不起。三年之后,张诚出外做生意赚了钱,觉得对不起李实,于是备了酒菜及双倍欠李实的钱,到李实家赔礼道歉又还钱并说明了贿赂城隍爷之事。当天李实借助酒劲,即去了城隍庙,手指城隍爷神像破口大骂,并连骂数天,据说当时城隍爷神像脸面红紫,汗珠大如豆粒。从此,每天清晨城隍爷神像就自己跑到胶州城西门外,后来城里财主就把城隍庙建在了城外。

慈云寺 万佛塔

慈云寺 慈云寺是胶州历史上著名的古刹之一,原址在寺门首街,异地新建于少海长堤,总建筑面积6617.9平方米,坐北朝南,中轴对称,采用合院式布局,建有大雄宝殿、天王殿、藏经阁、钟鼓楼、观音殿、地藏殿、普贤殿、文殊殿等。整座寺院既有巍峨宏大的气势,又有清幽秀雅的古韵。

慈云寺

万佛塔　采用楼阁式八角塔形式，明清式建筑风格，地上七层，地下两层，地上建筑高度 66 米，总建筑面积 2432.8 平方米。登上万佛塔，可俯瞰少海全貌，与慈云寺交相呼应、别具一格，成为整个少海景区内的标志性建筑物。

万佛塔

青岛大沽河省级生态旅游度假区

54

第三节 胶州八景

到过北京、西安、南京的人都知道,那里有本地著名的"八景"。咱们胶州这个依山傍海的地方,也有美丽的八景。如果按照文字记载,胶州八景当始于明朝,"永乐时之志已有八景矣"(《增修胶志》),弘治、万历以及清乾隆十七年又多次修定"八景",一直到民国时期,前后500多年。其中灵岛浮翠、铁橛悬泉、双珠嵌云三景已划属青岛西海岸新区(黄岛区)境内,有的古迹已破坏无存。

少海连樯①

胶州以东从塔埠头②至淮子口③水域,别名少海。唐宋以来,这里是厦门、宁波商船,日本、韩国客轮停泊之码头。岸西边有土堰百余丈用来阻挡潮水,同时方便登舟装卸货物、上下旅客,来往客商络绎不绝。自德国人侵占胶州湾,开发青岛,塔埠头码头渐废。

少海连樯雕塑　　　　　《少海连樯》(张志康画)

①樯:樯,音为 qiáng,意思为船帆。②塔埠头:今九龙街道码头村。③淮子口:今胶州湾入黄海的峡口。

知识拓展

对于少海连樯的盛景,周于智在其《少海连樯》序中这样写道:"每秋冬之交,估客骈集,千樯林立,与潮波上下,时而风正帆悬,中流箫鼓,转瞬在隐约间;又令人想蜃楼海市,咫尺云烟矣。"

胶河澄月

《莱州府志》引《水经》称,胶水"水色如胶,故名胶河",源出诸城市东卷山,曲流数百里入胶莱河,水色清澈,历历鉴砂石,黔陬①数里尤清澈见底,堤柳常掩映其中,每当秋空云敛,皓月沉水,月光映碧流,夜色尽澄秋。在胶州市西南 35 千米处的铺集镇,有胶河澄月湖风景区。

澄月湖

①黔陬:位于今铺集镇。

石耳争奇

胶州市向南20千米,有艾山风景区,艾山东、西各有一座巨石,东石海拔137米,山呈赤色,与西石分别位于艾山一前一后,好似人耳,故而得名"石耳争奇";西石海拔140米,山呈青色,登上西石,使人体会到"山到绝顶我为峰"的感觉。

石耳争奇

介亭春树

位于古介根城遗址,在今三里河街道城子村附近。20世纪30年代尚有故亭遗址,名介亭。每到春天,四周翠色,满槛花风,是胶州人游乐之佳境。

介亭春树

麻湾渔乐

胶莱河汇大沽河和小沽河的入海处,名曰麻湾口。居民以捕鱼为业,秋季尤忙,八月间,网船群集,网网鱼满,欢呼之声响闻数里,忙了一天,月明夜静,芦花深处笛声相合,船水相映,其乐无穷。

双珠嵌云

双珠即大珠山和小珠山,今属青岛西海岸新区(黄岛区)。小珠山两峰突起,群峰皆在其下,大珠山绵亘百余里,东插入海,势如巨鳌。二山错立,天表云气,出没不绝,夏季看得比较清楚,远望累累若珠,故称"双珠"。

双珠嵌云

灵岛浮翠

灵岛浮翠

灵山岛在今青岛西海岸新区(黄岛区)灵山卫南,距海岸20千米,孤浮水中,其色四季常青,葱翠欲滴,时与波光相乱,称为海上仙山。明代曾在岛上养马,又名养马岛。岛上现在依然有居民居住。

知识拓展

灵山岛的传说 传说唐僧师徒四人西天取经修成正果后，唐僧从天庭出来散步，来到黄海上空，忽然风起云涌，波涛汹涌，唐僧往下一看，只见一只小船在起伏的波涛中忽隐忽现，一位穿着破烂的僧人正驾着小船，挣扎着向东航行。唐僧掐指一算，顿时明白了：原来是鉴真和尚要东渡日本，传经弘法。这是鉴真第六次东渡了，前五次都没成功，但他屡败屡渡，痴心不改，而且已经双目失明。唐僧被鉴真感动了，他想起了自己西天取经的往事，酸甜苦辣涌上心头，一滴眼泪落在浩瀚的黄海之中，一个岛屿也就浮出了海面。在风浪中挣扎的鉴真登上了这个海岛，经过简单休息，继续东渡，最后终于到了日本。唐僧的眼泪形成的海岛就是灵山岛。如果从空中看去，灵山岛北面尖、南面圆，很像一滴眼泪。

铁橛①悬泉

铁橛山在今青岛西海岸新区（黄岛区）境内，山峰矗立，色黑如铁，故得山名。山顶有悬崖如盖，名滴水崖，有泉从石孔中滴出，水声似玉琴声，泉水涝天不溢，大旱不干。

铁橛悬泉

问题思考

同学们，这些自古流传的胶州美景，让你产生了怎样的感受呢？

---

①橛：音 jué。

第五章

红色胶州

HONGSE JIAOZHOU

中共胶州第一支部旧址

第一节　中共胶州市地方组织建设

　　早在第一次国内革命战争时期(1924～1927年),中国共产党就在胶州大地上播下了革命火种。1924年,里岔镇纪子瑞加入中国共产党。1925年,李哥庄镇徐宝铎在济南加入共产党,他曾在胶县东北乡传播革命思想。

　　五四运动①之后,马克思主义得到广泛传播,并与工人运动进一步结合,一批具有共产主义思想的知识分子产生了建立无产阶级政党的要求和愿望,并进行酝酿和准备。中共胶州地方第一个党组织——胶县宋家屯党支部应运而生。这是在中共胶州地方史上建立最早的党组织,胶县的历史从此掀开了崭新的一页。

　　抗日战争时期,胶县的党组织进一步发展。至1945年8月,全县建立区级党的机构6个、党总支1个、党支部48个,有党员451名。解放战争时期,中共胶县委员会领导建立了人民政权,迎来了新中国的诞生。

傅书堂(1904—1961年),山东高密人。1924年加入中国社会主义青年团,不久转为中共党员。曾任中共山东省委常委、工人部长、代理书记等职。

────────────

　　①五四运动:1919年5月4日发生在北京的一场以青年学生为主,广大群众、市民、工商人士等阶层共同参与的,通过示威游行、请愿、罢工、暴力对抗政府等形式进行的爱国运动,是中国人民彻底的反对帝国主义、封建主义的爱国运动。

邓恩铭（1901—1931年），贵州省荔波县人，水族。济南五四运动的先锋人物。中共一大代表中唯一一名少数民族代表，中共山东组织创始人之一，中共青岛组织创始人。

知识拓展

胶州第一个红色党支部　1927年7月，由邓恩铭介绍和纪子瑞同期入党的中共山东省委特派员傅书堂受党的派遣，在计划由高密向平度山区发展党组织时，先在胶县北乡宋家屯①发展党员5人，建立了中共胶县宋家屯支部。这是在中共胶州地方史上建立最早的党组织。

问题思考

同学们，请你搜集身边的相关资料，了解抗日战争时期家乡人民的抗日事迹吧。

纪子瑞（后排左一）与胶济铁路大罢工部分领导成员合影

①宋家屯：现属胶莱街道。

第二节　重要战役

　　抗日战争时期,在中共胶县地方组织的领导下,全县人民展开了艰苦卓绝的反抗日本侵略者的斗争。抗日战争胜利后,中共胶县地方组织领导全县人民争取和平、民主,人民获得解放。

山东省军区政治部为受奖的干部战士颁奖

抗日战争时期

　　1938 年 1 月,日军占领潍县、青岛,山东大部分沦陷,27 日侵入胶县城。胶县城遭日军飞机轰炸。在中共胶县县委的领导下,胶县人民同全国人民一道,紧紧团结在党的周围,高举抗日救国旗帜,拿起刀枪,同日本侵略者展开了殊死的斗争;先后建立了胶济一支队等 7 支共产党领导的武装队伍,并组织民兵同日本侵略军、伪军及与人民为敌的其他武装,浴血奋战,进行了数百次的战斗。著名的战斗有灵神庙战斗、讨伐姜黎川战斗、瓦丘埠战斗、麦丘伏击战。

知识拓展

麦丘伏击战 1945年3月11日上午，中共胶县县委在胶县东北乡赵家莹开会时，平度南村据点的日伪军60余人南犯麦丘村抢掠，并接近独立营防区。经韩育民、于天成、孙景尧和姜世良紧急磋商，决定由独立营参谋宋光指挥对敌伏击。参战部队有独立营、铁路武工队等部。上午10时，战斗在麦丘东门外打响，经短促突击包剿，伪军50余人除数名逃窜外，其余被俘。日军1个班，占据有利地势顽抗。战斗持续到下午，南海独立团田世兴、仇福中带领七连火速增援，用掷弹筒轰击被围困日军，至17时战斗结束。毙俘日军11人，缴获轻机枪1挺、掷弹筒1个、步枪48支、短枪1支、望远镜3副、子弹800余发。

拔除敌据点后南海第一武工队部分指战员留影

抗日游击队之歌——打麦丘

太阳一出山，胶济平原起狼烟，南村的鬼子往外窜，来到洪兰泉。

"胶大"在甘沟店，派出个便衣看了看，五六十个人，十来个日本鬼，"胶大"一听快了腿。

"胶大"集合着走，来到麦丘后，老百姓一看都拍手。

"胶大"四下里圈，鬼子下了湾。伪军投了降，眼看着鬼子就完了蛋。

解放战争时期

胶县城第一次解放后在寺门首街清点缴获的武器

中共胶州地方党组织领导当地人民加强解放区建设,开展反奸清算和减租减息运动,恢复发展农业生产,坚持开展对敌斗争,为进行自卫战争做了充分准备。1946 年 7 月,国民党第五十四军占据胶县城后,在西段初步完成济南、潍县对接任务,继而向胶县南、北两个解放区疯狂进攻,形势十分严峻。胶县、胶高两县县委、县政府向两县人民发出紧急动员,要求广大党员干部和群众,树立战争观念,坚定胜利信心,全力投入自卫战争,要求胶高支队、胶县县大队、胶济铁路武工大队的广大指战员,做好一切战斗准备,反击国民党军队的武装进攻。从 1945 至 1948 年间,著名的战斗、战役有:五次解放胶县城战役、两次玉皇庙战斗、两次沽河阻击战。

知识拓展

五次解放胶县城　第一次解放胶县城,发生在 1945 年 8 月。这次战斗,俘虏日军①7 名,毙俘伪军 3000 名;缴获长短枪 1000 余支,轻机枪 50 余挺,汽车 13 辆和大宗军用物资。第二次解放胶县城,发生在 1946 年 6 月。此次战斗,解放军俘虏赵保原部参谋长年俊峰等官兵 3000 余名、毙伤 1000 余人,缴获重炮 11 门、轻重机枪 151 挺及大量辎重物资。1946 年 11 月 10 日人民解放军发起第三次解放胶县城战役。翌年 3 月 11 日, 胶县城获第三

①1945 年 8 月驻胶县城的日本侵略军还没投降,因此是八路军解放胶县城。

减租减息之歌

财主人家好狠心，
专门剥削穷苦人，
他不讲良心，
哎呀哎嗨哟；
减租减息怎么着减？
一斗减下二升半。
不比那几年。
哎呀哎嗨哟。

次解放。第四次解放胶县城，发生在1947年7月。第五次解放胶县城，发生在1947年11月；驻胶县城的国民党军队弃城东逃，解放军未放一枪一炮进驻胶县城。至此，除大沽河以东，胶县境内大部分解放。

1945年8月胶县城第一次解放后，八路军从用成门进城

问题思考

同学们，抚今追昔，我们一定要牢牢记住，中国革命的胜利来之不易，新中国的诞生来之不易。

第六章

魅力胶州

MEILIJ IAOZHOU

第一节 民间艺术

胶州民间传统艺术兴旺发达。秧歌（歌舞）、茂腔（戏曲）、八角鼓（曲艺）被称为胶州市三大地方特色艺术。2006年，胶州秧歌、茂腔被国务院批准为国家首批非物质文化遗产①。胶州市被文化部授予"中国秧歌之乡"并定为秧歌节永久举办地。2007年，胶州八角鼓成功入选山东省非物质文化遗产保护名录。

胶州秧歌

胶州秧歌又称"地秧歌"、"跑秧歌"，俗称"扭断腰"、"三道弯"，是山东省三大秧歌之一。最早诞生于胶东街道东小屯村（另一说为胶东街道南庄二村），距今有300多年历史，以"男刚女柔"、"三弯九动十八态"舞蹈特色享誉海内外，被

窄窄红褡稳称身、女儿装束更怜人、纤腰倦舞娇无力、团扇经摇满袖尘

着称身红褡，执团扇，舞姿以：纤腰倦舞娇无力：来体现少妇身份。

胶州大秧歌行当之一——扇女

① 非物质文化遗产：英文是 intangible cultural heritage，根据联合国教科文组织的《保护非物质文化遗产公约》定义，非物质文化遗产指被各群体、团体，有时为个人所视为其文化遗产的各种实践、表演、表现形式、知识体系和技能及其有关的工具、实物、工艺品和文化场所。

收入文化部编的《中国民间舞蹈集成》中。传统胶州秧歌拥有曲调上百个、剧目 70 多个，演员一般为 10 人，分为 6 个行当（膏药客、翠花、扇女、小嫚、棒槌、鼓子），两种表现形式（小调秧歌和小戏秧歌），两种流派（武秧歌和文秧歌），并有一整套演出习俗。表演形式有十字梅、大摆队、正挖心、反挖心、两扇门等。伴奏除唢呐外，还有堂鼓、大锣、铙钹、小钗、手锣等。北京舞蹈学院、山东艺术学院等多所艺术学院将胶州秧歌编入教材，作为舞蹈学院必修课程。

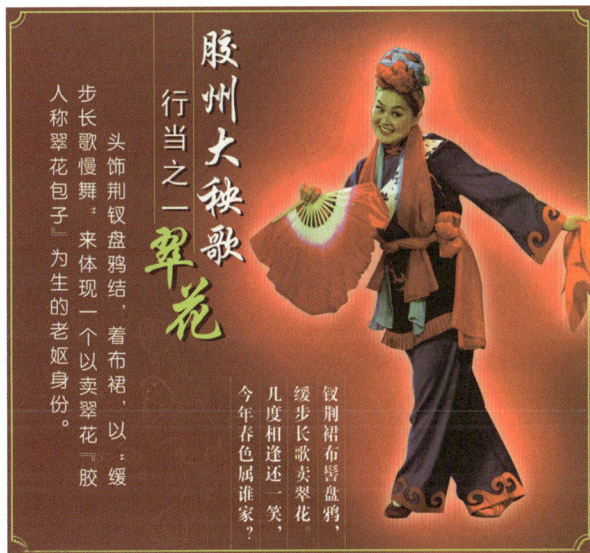

胶州大秧歌行当之一——翠花

知识拓展

　　1864 年，胶州马店镇（现胶莱街道）楼子埠村人刘彩收生坐科①，教习秧歌，称为"安锅"。同年，马店中村人纪鸣珂、殷洪琴口头创作小戏剧本《裂裹脚》，这是有记载的最早

———————————————

　　①坐科：在科班（中国旧时培养戏曲演员的场所）学戏。

秧歌剧本。此后,人们把胶州秧歌舞蹈部分称作"小调秧歌",把戏剧部分称作"小戏秧歌"。1920年秋,胶北后屯村人陈銮增在七城村收生坐科,他精通拳棒,把刘彩秧歌温柔抻展大胆揉进武功,很受观众欢迎。为了区别两家秧歌,观众习惯称刘彩秧歌为"北路秧歌",陈銮增秧歌为"南路秧歌"。民国初年后两路秧歌兼收并蓄,取长补短,今已难以辨别。新中国成立后,胶县在数年内成立秧歌队150多支。1951年,山东省政府组织专家对胶州秧歌进行挖掘、整理和宣传推广。1954年,胶州秧歌参加"全国民间舞蹈汇演",先后在首都工人俱乐部、清华大学、北京大学、中南海等地演出多场,周恩来、朱德等党和国家领导人观看演出并接见全体演职人员,自此胶州秧歌享誉全国。

20世纪80年代胶州大秧歌巡演

现代胶州秧歌巡演

2006 年,胶州秧歌入选首批国家非物质文化遗产保护名录,同时举办胶州秧歌节。2007 年,胶州秧歌舞蹈《喜洋洋》获 CCTV 第四届全国舞蹈大赛优秀表演奖和全国第十四届"群星奖"选拔赛一等奖。2008 年,以"扭起秧歌迎奥运"为主题,成功举办首届中国秧歌节,胶州市被文化部授予"中国秧歌之乡"称号。2012 年 1 月,胶州秧歌演出团赴意大利参加意大利中国文化年闭幕式暨"欢乐春节"活动,受到 10 万名罗马市民和当地华侨华人欢迎及高度赞赏。这是胶州秧歌首次走出亚洲,走向世界,登上国际大型对外文化交流的舞台。同年,胶州秧歌被评为山东省非物质文化遗产保护优秀实践项目。

2008 年首届中国秧歌节开幕式

茂腔

茂腔是起源于 19 世纪 60 年代,流行于胶东半岛地区的一种传统戏曲形式。

知识拓展

茂腔是在民间说唱形式"肘鼓子"的基础上,吸收花鼓秧歌剧目及表演程式,有"冒肘鼓"、"茂肘鼓"之称谓。唱腔音乐为板腔体结构，有"徵"①和"宫"②两个调式，艺人称之为"正调"和"反调"；板式有大悠板、原板、二板、摇板、散板、尖板等；曲牌有四不像、小生娃娃等。音乐伴奏乐器是京胡、

茂腔《状元与乞巧》剧照

京二胡、月琴，与京剧相仿。打击乐器有鼓、板、大锣、钹、小锣等。演奏反调时加云鼓和碰铃。茂腔扎根于农村，与劳动人民生活紧密结合，强烈地反映出劳动人民思想感情，唱腔以其字正腔圆、曲调优美具有典型北方音乐特点和鲜明地方风格，深受广大农民群众所喜爱，素有"胶东之花"美誉。

1930 年后，茂腔普及胶县城乡，男女老少都能唱几句。后来，涌现出曾金凤、李玉香、李兰香等优秀演员。1958 年 4 月，青岛金光茂腔剧团正式下放胶县。1959 年，李玉香和李兰香主演的茂腔戏《花灯记》赴京进中南海演出。党和国家领导人刘少奇、李先念、彭真、陈毅、杨秀峰等观看了演出，并与演员合影留念。1986 年 2 月，经青岛

①徵：相当于简谱中的"5"。徵调式乐曲：热烈欢快，活泼轻松，构成层次分明、性情欢畅的气氛，如《紫竹调》。

②宫：相当于简谱中的"1"。宫调式乐曲风格悠扬沉静，淳厚庄重，如《十面埋伏》。

市文化局批准,胶县茂腔剧团改称青岛市茂腔剧团,当年7月,青岛市举行首次青岛之夏艺术节,茂腔剧团演出了《金嫂子》和《弘文才女》。吕希宝、冷玉洁均获剧本创作奖,曾金凤、张梅香、张茗华获优秀表演奖,导演、舞美设计、音乐设计也都获奖。1990年,组织创作大型茂腔传统戏《北京》,举办首届胶州秧歌会,成立市文物保护管理委员会。2006年6月,茂腔被国务院批准为国家首批非物质文化遗产。

茂腔省级传承人张梅香在非遗专场演出现场

胶州八角鼓

　　胶州八角鼓又称"鼓子""桌戏",最初是由清"北京旗人八角鼓"蜕变而成。

胶州八角鼓

知识拓展

八角鼓 八角形状，用檀木、红木等硬木制作，鼓面是蟒皮。共有八个角，八个墙面，有七个墙面中间装有两面小钹。鼓动时，两面小钹可碰击作响，一个墙面中间安有鼓柱，以便执鼓，柱端环上系有鼓穗。演唱胶州八角鼓时，除演员手执八角鼓外，其中还有演员左手握两块竹板，用来做演奏乐器和道具。两块竹板为长方形，长约 10 厘米，宽约 4 厘米。竹板一端系有红绸布。根据节目角色，有的演员手里还拿着一面铜钹和一根钹锤（单钹）来演奏和表演。

山东非物质文化遗产——胶州八角鼓

胶州八角鼓素有"九腔十八调"之称。其柔美婉转曲调，迂回曲折旋律，和谐流畅唱腔，琅琅上口鼓词，使演唱者一开口便可吸引住观众，与山东琴书是同类体制曲艺形式，在唱词上讲究平仄，韵辙①，故事通俗易懂；在唱段上既可演唱传奇和公案故事，也可演唱反映新人新貌故事，可长可短，观众乐于接受。

---

①韵辙：就是我们常说的押韵，辙和韵同一个意思。

知识拓展

清朝雍正年间,有遭贬京官携眷属返回胶州,带回一批"旗人八角鼓"段子,内容多为传奇或公案故事,也有抒发政治失意情绪的自编自演段子。起初逢年过节便组织妻妾子女亲朋好友于一堂自娱自乐。后来几家联合起来赴郊外演出,借助酒兴。久而久之,八角鼓便在一些财主和乡绅中传播开来。自称为"厅房戏""学士戏""清客戏"。道光年间,财主帮破产者匡四痴对演唱八角鼓有一定造诣,与儿子一起赶堂会、庙会,或在街头演出。自此,胶州八角鼓由财主、乡绅的深宅大院传至民间。1907年(清光绪三十三年),胶县城南关马台子(今水寨街)八角鼓盲艺人孙瞎汉邀集塾师赵华南、商人王述堂,以数年时间,大胆改革了八角鼓的唱腔和部分唱段,很快为群众承认,并在民间广泛流传。

民国初年,胶县城能演唱八角鼓的将近百人。20世纪初,胶州八角鼓进入全盛时期,有段子500多个、曲牌①40多个,并且呈现出百花齐放局面,胶州城每天晚上都有多处同时演唱八角鼓的景象。经典曲目如《渔翁乐》《母女

胶州八角鼓演出

①曲牌:传统填词制谱用的曲调调名的统称,俗称"牌子"。

胶州八角鼓乡村故事会宣讲

《顶嘴》等深受普通群众喜爱。至1937年(民国26年)胶州八角鼓有曲牌50多个,唱段500多个,形成3个各具特色的流派:河头源帮,多演唱文雅段子;白水泉帮,多演唱传奇式的大段子;麒麟街帮,演员多文盲,多演唱通俗易懂段子。

新中国成立后,胶县文化馆组织专人多次进行发掘整理,至1983年整理成完整传统八角鼓段子100多个和曲牌24个。20世纪80年代,胶州有200余人能演唱八角鼓。1983年,胶县文化馆整理《胶州八角鼓的源流与发展》,由青岛市戏剧研究室印刷成册向全国交流,山东省将胶州八角鼓列为重点曲目之一。2007年,胶州八角鼓被评为山东省首批非物质文化遗产。

胶州八角鼓有着近300年历史,它流传于民间,至今仍保留着原创时许多基本特征,有其鲜明地方特色和旺盛生命力,对地方风俗、人情、历史、民间艺术等具有极高学术价值。

问题思考

同学们,你们扭过秧歌,听过茂腔,看过八角鼓演出吗?你们喜欢这些民间曲艺吗?谈一谈感受吧!

第二节 民间工艺

胶州文化源远流长,胶州各类民间工艺以崭新面貌适应新时代发展需求,形式多样地出现在各类群众文化活动中,全市出现"百花齐放"、"推陈出新"的繁荣景象,在国家级及省市级各类比赛中屡获大奖。2010 年,胶州市成为首个中国剪纸之乡,并被授予"中国民间文化艺术之乡"等称号。

孔子像剪纸

年画娃娃剪纸

胶州剪纸

胶州剪纸是一种古老的民间艺术,是劳动人民用来表达自己的思想和情感、人们喜闻乐见的一种艺术形式。从表现形式来讲,大体可分为单色剪纸、活动剪纸、彩色剪纸和贴彩剪纸4 种。

知识拓展

　　胶州剪纸起源于民间,最初以窗花、棚花、镜花形式被人们用来衬托节日、婚嫁等喜庆气氛。胶州剪纸艺术既融有纤巧工秀、近于写实的南国情韵,又保留着简练明快、崇尚概括的北方基调等独特表现方法;胶州剪纸取材于生活,自由创意,疏密有致,造型优美,胶州剪纸受儒家思想影响,作品含蓄,以心造型,重在传神,不求形似,把心里想的东西通过图样直接表达出来。

　　明清以来,胶州剪纸逐渐渗透到生活各个方面,逢生丧婚嫁、年节喜庆,家家户户都用剪纸来表达意愿和希望。20世纪初期,以高友三为代表的一批民间剪纸艺人剪纸作品远销海外。50年代,高友三等人赴京参加"全国美术工艺艺人代表会"时,受到周恩来总理接见。1987～2013年,胶州市先后有40多名艺人分别赴韩国、日本、澳大利亚等国家进行剪纸表演,诸多胶

胶州剪纸——富贵长春

胶州剪纸——梅开五福

州剪纸艺术作品被美国、加拿大、法国、意大利等国家及国内的博物馆、艺术家收藏。2006年,山东省人民政府公布第一批省级非物质文化遗产名单,胶州市申报的剪纸艺术被列入民间美术类第20项,定名为胶州剪纸项目。2007年,胶州剪纸成功入选山东省非物质文化遗产保护名录。2010年,"中国剪纸之乡"授牌仪式在胶州举行,胶州成为首个"中国剪纸之乡"。胶州剪纸作品先后获首届中国剪纸艺术节铜奖和全国第五届民间艺术博览会剪纸类金奖,并入围山花奖。2016年,胶州剪纸传承人董丽霞老师,在中央电视台《中国民歌大会》上进行现场剪纸表演。

胶州布老虎

胶州布老虎

　　胶州布老虎制作流传胶州有数百年历史。从清朝末年开始,胶州布老虎以其浓郁乡土气息、独特民间工艺,享誉大江南北。胶州布老虎在外形上呈柳叶眉、核桃眼、樱桃口、黑胡须特征,背贴蝴蝶花纹,分金、银、红、绿四种颜色,尾巴粗短上翘,彰显生气和威风,极富胶州民间乡土特色。2010年,胶州布老虎入选胶州市(县级)非物质文化遗产名录并受邀参加中国首届非物质文化遗产博览会。

 知识拓展

清乾隆年间,胶州民间即有小孩"百岁"送布老虎习俗,作为对孩子祝福礼物,具有驱邪、祛病寓意。民间盛传"老虎上墙,小孩长的强;老虎上炕,小孩长的棒",期盼孩子健康、强壮、勇敢,老虎的脊柱露在外面,象征脊梁硬而且直,寓意挺起腰杆做人,寄托对孩子成就一番事业的祝福和愿望。胶州城里还流行这样的谚语:"小子端阳枕,婴孩百岁鞋。"前句说的是小孩枕双头老虎,睡觉不做噩梦,无惊吓;后句说的是小孩百岁时穿虎头鞋,以后走路不磕跌。由此可见,那时的"布老虎"是与小孩密切结缘的。老一辈人认为,老虎是有灵性的,所以人们把老虎当作去灾避邪、平安吉祥的象征。如小孩戴着虎头帽,让它陪伴孩子茁壮成长,像老虎一样威武强壮。与老虎有关的词汇也很多,如称勇武之臣为"虎臣",勇猛之将为"虎将",武科榜曰"虎榜"。人们把这种美好的愿望倾注于对"布老虎"的制作上。

胶州绒孩

明朝移民时传至胶州,用细铜丝和茼绒扎制而成,多在一寸到四寸之间,题材多为戏曲人物或仕女,是一种专供陈列的高级工艺品。近代制作艺人对绒孩制作大胆改革,由传统"布包头"改成"乌龟盖雕刻头",作品有"动物组合"、"折子戏组合"、"仕女组合"等,其中"回荆州"曾在北京、莫斯科、中国香港等地展出。2010 年,胶州绒孩入选胶州市(县级)非物质文化遗产名录。

胶州莲花灯

胶州莲花灯在制作上，按一定标准扎框制坯后，精心糊上彩纸，所饰花纹多系刻好后醮色印上去，莲花灯由扎框、染纸、用套管簇纸、拧瓣、剪穗、粘贴等几道工序加工而成，以简明鲜艳、质朴自然为特色。1983 年，曾有莲花灯作品参加山东省民间工艺进京和出国展览。2010 年，莲花灯入选胶州市（县级）非物质文化遗产名录。

胶州莲花灯

知识拓展

民国期间，每年正月十五前，胶州城内便出现一个灯笼市场，购买的人非常多，逐渐使很多人学会自己扎制灯笼。正月十五晚上，大街小巷，灯火辉煌，习惯是男孩打绣球灯，女孩打莲花灯。元宵之夜提灯绕院巡照，俗称"驱晦"。

胶州泥塑

胶州泥塑工艺从南宋始,海神庙、南坛、北坛、孔庙、天后宫、庸生庙等,即有"泥态"出现,当时称泥塑工艺为"抓态"。泥塑艺人先后为药王庙诸神"抓态",在关帝庙、城东石河塑过群像及壁画,在城隍庙塑过十殿阎君、小鬼、判官等。泥塑神像有的高达3米,低者33~66厘米,造型生动,着色鲜艳。清末民初,胶州泥塑艺人有仇连舟、杨二爷、王懋正、杜成、周逢春。20世纪30年代以后,泥塑艺人姜子成最著名。新中国成立后,泥塑艺人徐泽泗根据传统泥塑工艺原理,塑造现代人物,赋予泥塑新的生命,先后创作《丝露花雨》《牛郎织女》《智取威虎山》《收租院》等作品。近年,由于胶州城隍庙等古迹修复和文化景观建设,胶州泥塑又出现生机。2010年,胶州泥塑入选胶州市(县级)非物质文化遗产名录。

除胶州泥塑外还有胶州彩塑,它源于南宋时期,主要以黏土作胎并施以色彩塑造不同人物、动物等形象,小到几厘米高的人物,造型百态,雅俗共赏。题材从戏剧传统神话到现代生活,表现手法除塑造、色彩描绘,还运用不同材料装饰人物及场景道具,作品工细精巧。

胶州彩塑传承人徐音名作品

知识拓展

　　胶州彩塑传承人徐泽泗的儿子徐音名,同样是艺术爱好者,据他介绍,胶州彩塑在全国独一无二,是土生土长的一种民间手工艺。在20世纪七八十年代,他父亲制作的胶州彩塑就经常去北京展览,和"泥人张"、山西彩塑等是齐名的。胶州彩塑用料更为丰富,除了泥土外,还有丝绸、细纱、木粉,甚至连泡沫塑料都能当原材料,这就要求制作者不仅要会泥塑,还要会木工、剪纸、微雕等多种工艺形式。父亲去世后,近几年来胶州彩塑已经没有传承活动,徐音名准备把胶州彩塑的这些工艺程序及历史等编纂成书,希望胶州彩塑能够传承下去。

胶州三里河黑陶

　　三里河黑陶作品选用的泥土来自于胶州三里河,由于其深层泥土土质细腻、无沙、黏性大,且富含多种矿物元素,在烧制中能产生纯黑均匀质感,适合于黑陶制作。泥土取出后晾干,再用纱布过滤制成泥坯,经过手工拉坯造型,用贝壳反复压光,直到陶坯表面密度增加,光滑如镜。再以特制的雕刻工具运用线雕、浅雕、深雕、镂空等技法,手工雕刻出绚丽神秘的图案。然后给黑陶作品安装耳、环、鼻、腿等配件。三里河黑陶表面所呈现的纯静黑色,是以独特无釉无

胶州黑陶艺人叶广德作品蛋壳陶

彩碳化窑变古老工艺烧制而成。出窑后就是浑然天成，不做任何处理，其外观效果黑如漆、亮如镜。在器物烧成最后一个阶段，从窑顶徐徐加水，使木炭熄灭，产生浓烟，有意让烟熏黑，而形成黑色陶器。

知识拓展

明永乐年间，有叶氏祖辈自外地迁入立村于沽河东岸，以祖传手艺黑陶制作为生计。中共十一届三中全会以后，成立青岛大沽河古陶工艺品厂，由黑陶传承人加以技术等多方面革新。用大沽河河床淤泥为主要原料，加入澄泥等天然原料，进行精细工艺品制作，生产出纯手工制作的饭罩、茶具、工艺品等产品。同时以枣树木柴为燃料，用传统土窑烧制，其外观乌黑发光，敲击声音清脆悦耳，并含有多种人体所需天然微量元素，用后气味清香，经久不散。盛水后出"汗"而不漏水，并对细菌有抑制作用，使水不变质，并能保持天然茶香气味，是茶文化首选用具，称为大沽河黑陶。

黑陶制作

问题思考

同学们，你们小时候玩过布老虎吗？过年的时候剪过窗花吗？说一说你对哪种民间工艺最感兴趣。

第三节 民俗方言

　　随着改革的深入,胶州市经济快速发展,社会生活发生重大变化。随着收入增加和消费水平提高,饮食讲究质量、营养,住房日趋宽敞、高档,出行更为便捷、顺畅,通信方便,家庭耐用品齐全。同时,方言也逐渐与普通话相融合,全市居民传统的生产、生活习俗向着文明、健康方向发展。

民间风俗

　　居住习俗　胶州民房多为土木砖石结构,与左邻右舍接山连墙,屋顶为"人"字形。建有正屋、东西厢屋或倒屋①,各家自成院落,俗称"天井"、"院子"。旧时院墙多用石块垒成,临街墙上镶嵌有用以拴骡马的"拴马石"。墙顶上面抹石灰或泥,叫"打墙头"。如今,院墙多用石块垒下部,上面垒砖,外面用水泥抹平;也有的用砖或水泥砌成几何图案,称作"花墙"。进入 21 世纪,随着旧村改造,有些农村已是楼房连片。农村富裕人家建别墅,房间宽敞明亮,客厅阳台安装落地式大门窗,兼具观景、休憩、采光等多种功能。

---

　　①倒屋:坐南朝北的房子称为倒屋。

旧时饮食（玉米饼、地瓜干）

现代饮食（白面馒头、清蒸鱼）

饮食民俗　旧时,胶州地区饮食一直以玉米、小麦、地瓜为主,以谷子、高粱、豆类(黄豆、绿豆、豇豆、红豆)、黍子等五谷杂粮为辅。菜类则以蔬菜为主,肉类、蛋类过去是寻常人家办喜事和待客的珍品。随着生活水平的提高,大米、白面、鱼、肉、禽、蛋成为寻常人家的家常便饭,玉米饼子、地瓜干已很少食用。

婚姻习俗　胶州地区的婚姻风俗与山东省其他地区大体相同。旧时婚娶,须遵"父母之命"、"媒妁之言",讲究生辰八字相合。男子结婚称"将媳妇",女子结婚称"出门子"。结婚礼仪除特殊情况外,要经过说媒、相亲、订婚、送日子、娶亲等多个环节。

旧时婚礼

知识拓展

娶亲是婚礼中最热闹也是最繁琐的一个环节。旧时，有钱人家雇轿两乘，一乘叫"官轿"，由新郎乘坐；新娘坐的那乘叫"花轿"。轿里放一个包有脸盆和镜子的包袱①，花轿起轿时，新娘的母亲或嫂子还要把一瓢水泼向门外，意思是嫁出去的闺女和泼出的水一样，无法收回。新郎亲自到女家迎娶，称作"迎亲"。新娘下轿后，由两个伴娘搀扶进院与新郎同拜天地，然后新郎用一块红绸牵新娘进入洞房。洞房中新郎用秤杆将新娘盖头挑下。二人同饮"交杯酒"，也叫"同心酒"，至此，夫妻关系就算正式成立。

现代婚礼

　　新中国成立后，城镇和部分村庄大多数青年崇尚新事新办，婚期多择定元旦、"五一"或国庆节等节假日，迎娶多用自行车，亲友邻居送贺礼，男方多数请厨师到家做菜并在自家院内设酒宴热闹一番。20世纪80年代以后，结婚除必备家具以外，又增加电视机、录音机、冰箱和洗衣机之类的家用电器，迎娶开始使用轿车。1990年以后，结婚拍婚纱照和结婚录像

①包袱：意为"包福"。

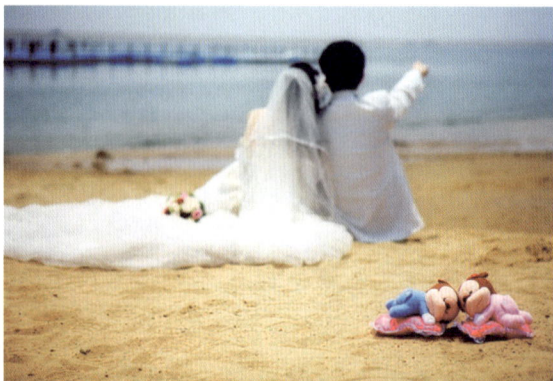
结婚海边摄影

之风陆续兴起。城区结婚多聘请婚庆公司操办,婚宴在宾馆饭店举行,并由主持人主持仪式。近年来,许多青年人选择旅行结婚,到一些旅游点度蜜月。有多数新婚夫妇在婚礼后,着礼服、披婚纱,在海滨沙滩上照相、录影。尤其 5 ~ 10 月,每逢"吉日",众多新人着婚纱聚集海湾景区录像纪念,为胶州的婚礼民俗增添新的特色。

传统节日

春节　俗称"过年",在传统节日中最受重视。春节习俗主要有祭祀、扫尘①、守岁、拜年、贴春联、放爆竹等。春节前一天为除夕(农历腊月三十,小月二十九),俗称"年除日"。这一天的主要任务是贴春联和福字,请出宗

贴春联

谱,摆好香炉,准备食物。除夕夜子时起,新年伊始。全家穿新衣、吃饺子,水饺馅中包有硬币、红枣、年糕等,寓意来年有财运、步步升高,俗称过大年五更。此时是过年的高潮,只许说吉利话。饭后,相互问好,子孙辈于供桌前依次给长辈磕头拜年,长辈则给晚辈"压岁钱",盼孩子们长命百岁,福寿双全。很多人彻夜不眠,谓之"守岁"。拂晓,邻里亲友互致庆贺,作揖口呼"恭喜"、"发财"谓之拜年。

---

①扫尘:即腊月二十四,进行年终大扫除,家家户户清扫蛛网、除尘、清洗。有"二十四,扫尘日"之说。

知识拓展

守岁的故事：太古时期，有一种凶猛的怪兽"年"，散居在深山密林中。它的形貌狰狞，生性凶残，吞食牲畜，伤害人命，让人谈"年"色变。后来，人们慢慢掌握了"年"的活动规律，它是每隔365天就窜到人群聚居地，而且出来的时间都是在天黑以后，鸡鸣破晓便返回山林中。算准怪兽肆虐的日期，百姓们便把这一夜视为关口来熬，称作"年关"。人们想出一整套过年关的办法：每到这一天晚上，家家户户都提前做好晚饭，熄火净灶，再把鸡圈牛栏全部拴牢，把宅院的前、后门都封住，躲在屋里吃"年夜饭"，除了要全家老小围在一起用餐表示和睦团圆外，还须在吃饭前先供祭祖先，祈求祖先的神灵保佑，平安地度过这一夜，吃过晚饭后，谁都不敢睡觉，挤坐在一起闲聊壮胆，逐渐形成除夕熬年守岁的习惯。

放鞭炮

元宵节　胶州民间最隆重的节日之一，时在农历正月十五。在胶州，元宵节还会举办舞狮子、舞龙灯、跑旱船、扭秧歌、猜灯谜等游艺活动，还有大人给孩子买小鬼推磨、泥老虎等玩具的风俗。入夜，人们开始燃放焰火，当地人一般自己制作名叫"米锅子"、"滴答金"的烟花，其他烟花则从市场购买，如"百鸟朝凤"、"八仙过海"、"地老鼠"、"窜天猴"、"二响炮"、"天女散花"等等。20世纪80年代始，在市区主要街道和胶州公园连年举办元宵节灯会。90年代中期，每年在人民广场燃放礼花，观众多达数十万。元宵节的节日食品为元宵。

正月十五看花灯

正月十五吃元宵

二月二 农历二月初二是龙头节,俗称"龙抬头"。传说经过冬眠的龙,此日被春雷唤醒,抬起头来,开始兴云布雨。民间流行着"二月二,龙抬头,大仓满,小仓流"的歌谣,祈求龙王保佑风调雨顺,五谷丰登。二月二有吃棋豆儿的习俗。

端午节包粽子、煮鸡蛋

端午节 农历五月初五,又称"端阳节"。在胶州,端午节一般不举行祭祀活动。早晨,人们到春苗地里采露水,叫"拉露水"。同时采摘艾蒿,回家放在门口、窗户上,取其祈福、纳祥、辟邪之意。当月初一早晨天不亮时,在儿童的手脖、脚脖或手指上缠上五色端午线,叫作长命缕、拴命线,直到节后第一次下雨,才解下来扔到雨水里。端午节最主要的节令食品是粽子和鸡蛋。

七夕节　农历七月初七,此节日活动的主要参与者是少女,而节日活动的内容又是以乞巧为主,所以人们称这天为"乞巧节"或"女儿节"。2006 年 5 月 20 日,七夕被国务院列入第一批国家非物质文化遗产名录。七夕节以牛郎、织女的民间传说为载体,表达的是已婚男女之间不离不弃、白头偕老的情感,恪守的是双方对爱的承诺。

财神节　农历七月二十二为财神会,也叫"财神生日"。过去是做买卖人的节日,20 世纪 80 年代后逐渐成为城乡百姓普遍庆贺的节日。

中秋节　农历八月十五为中秋节。八月十五的月亮比其他几个月的满月更圆、更明亮,所以又叫作"月夕"、"八月节"。此夜,人们仰望天空如玉如盘的朗朗明月,自然会期盼家人团聚。远在他乡的游子,也借此寄托自己对故乡和亲人的思念之情,所以,中秋又称"团圆节"。在胶州,中秋节有吃月饼的习俗。

中秋节吃月饼

重阳节　农历九月初九为重阳节。旧时有登高、饮菊花酒、插茱萸辟邪的习俗,而今重阳节已成为象征老年人长寿的节日,即老人节。

腊八粥

腊八节　农历腊月初八为腊八节。在胶州，腊八这一天有吃腊八粥的习俗，腊八粥也叫"七宝五味粥"。以前家里凑齐八味粥很难，随着时代发展，腊八粥的花样争奇竞巧，掺在白米中的物品多了起来，有红枣、莲子、核桃、松仁、桂圆、葡萄干、红豆、花生……总计不下十几种。

知识拓展

据说腊八粥传自印度。佛教的创始者释迦牟尼本是古印度北部迦毗罗卫国净饭王的儿子，他见众生受生老病死等痛苦折磨，又不满当时婆罗门的神权统治，舍弃王位，出家修道。初无收获，后经六年苦行，于腊月初八，在菩提树下悟道成佛。在这六年苦行中，每日仅食一麻一米。后人不忘他所受的苦难，于每年腊月初八吃粥以做纪念。

小年　农历腊月二十三，是胶州传统的祭灶日，又称"过小年"、"辞灶"。小年被视为过年的开端。

知识拓展

传说灶王爷原为平民张生，娶妻之后终日花天酒地，败尽家业沦落到上街行乞。一天，他乞讨到了前妻郭丁香家，羞愧难当，一头钻到灶锅底下烧死了。玉帝知道后,认为张生能回心转意,还没坏到底,既然死在了锅底,就把他封为灶王,每年腊月二十三上天汇报,大年三十再回到灶底。老百姓觉得灶王一定要敬重,因为他要上天汇报。于是,民间就有了腊月二十三的祭灶"小年",辞灶日傍晚,各家在灶房的北面或东面供上灶王爷神像,将糖果等供品陈放在厨房灶神牌位下,祈求来年平安和财运。

方言

胶州方言属于汉语北方方言语系的胶东次方言,与普通话较接近,但是仍保留着鲜明的地方特色。胶州方言内部也存在着差异,据《增修胶志·方言》记载:"胶僻处海滨,北境之人声浊上,南境之人声偃下,附城之人声平简。"胶州方言与普通话比较,语音差别较大,词汇次之,语法最小。

知识拓展

胶州方言:身心舒泰曰"愉作";小儿撒娇曰"扎煞";讨好于人曰"舔目";闯祸曰"作业";卖弄曰"翩隆"(pianlong);手巧曰"技亮";小男孩曰"小小儿"(xiaosaoer);小女孩曰"小嫚儿";饿曰"饥困";装束齐整曰"板正";干活利落曰"刷刮",等等。

谚语:关门儿雨,下一宿,开门儿雨,当日晴;一亩地要个场,一百岁要个娘;吃饭先喝汤,省的大夫开药方儿。

歇后语:阴天竖系溜儿(翻跟头)——没影儿;六月的荤油(猪油)——不定(凝)。

谜语:一座竹楼半悬空,楼里挂着鼓和钟,里面住个唐三藏,叽里咕噜会念经。(谜底:鸟笼子)

问题思考

同学们,你们和家人是如何度过传统节日的?说一说节日中有趣的事情吧。

第七章

胶州人物
JIAOZHOU RENWU

板桥镇复原图

第一节　历史名人

　　胶州大地,山明水秀,人杰地灵,自古以来,英才辈出,灿若星汉。在历史的长河中,有许多值得我们铭记的历史人物、时代的佼佼者:传授古文尚书的庸生,清代书画大家法若真、高凤翰,咸丰皇帝的顾命大臣、一代教育家匡源……这里承载着一代代先贤、先烈"修齐治平"的情怀与梦想,他们是历史上的最美胶州人。

庸谭

庸谭像

　　庸谭(生卒年不详),西汉时庸村① 人。

　　庸谭一生勤奋好学,钻研儒家经典,曾不远千里赴鲁从师都尉朝研读《尚书》,后以讲授《齐论》、《尚书》而名闻齐鲁,为世人称作"胶东大儒";四方慕名前来求学者甚众。死后,后人为他修建了"庸生祠"。

　　古文《尚书》由庸谭传胡常,胡常传徐敖,徐敖再传王璜、徐恽②等,最后由东汉时经学大师郑玄集大成。汉代是儒学备受推崇的时代,知名儒生大多被朝廷授以高官。但庸谭却多次放弃入朝为官的机会,一生在胶州讲学授经。当年跟随庸谭学习古文经学的儒生,学成后多成为一代名儒高官,如胡常、张禹等。

――――――――――

①庸村:今胶北街道庸村。　②恽:音 yùn。

知识拓展

现今胶州北关砚里庄有一水塘，相传是庸谭洗砚处，名"濯①砚泉"。其东边有一便道，相传是庸谭与儒生们研讨学问漫步的"庸生古道"。在胶州庸村、砚里庄一带还有庸生墓、庸生祠等遗迹。庸生祠是庸谭去世后朝廷下旨所建，历代多有修建。胶州民间世代相传庸生祠有神异。清乾隆版《胶州志》记载：明代嘉靖年间，胶州有一名秀才连考多年不中，一老者说应到庸生祠拜求庸生，秀才虔诚祭拜后果然中举。此后每年清明节，读书人和地方官员多到庸生祠拜谒，并取濯砚泉水研墨，以延续庸生之文脉。

清道光四年（1824 年）立庸生故里石碑

高宏图

高宏图（1583—1645 年），字子狱、研文，号砼②斋，明胶州人。明万历三十八年（1610 年）考中进士③，授中书舍人④。天启初年，任陕西监察御史⑤巡察陕西。

崇祯十五年（1642 年），清兵进犯胶州。高宏图破家产招募义勇，与参将谈震采一起协助知州郭文祥日夜登城坚守，城池得保。崇祯得知，于次年召补南京兵部侍郎，继而升任户部尚书⑥。崇祯十七年（1644 年），李自成攻破北

---

①濯：音 zhuó。　②砼：音 kēng。

③进士：中国古代科举制度中，通过最后一级中央政府朝廷考试者，称为进士。是古代科举殿试及第者之称。

④中书舍人：职官名，中书省的长官，为天子最亲密之近臣，掌管诏旨制敕与皇宫财政，负责执掌诏诰、决策政令、辅佐天子。

⑤监察御史：古代官名，掌管监察百官、巡视郡县、纠正刑狱、肃整朝仪等事务。

⑥户部尚书：古代官名，六部中户部的最高级长官，相当于今日的财政部部长。

高宏图像

京,崇祯景山上吊自杀。福王朱由松在南京被拥立为皇帝,高宏图任礼部尚书①、兼东阁大学士②。其间,曾上疏陈述新政八事,涉及内政外交诸多方面,皆因宦官当权、朝政腐败,而未被采纳。高自知大势已去,乃上疏退休,未许,并加封为太子太傅③、太子太保④、吏部尚书⑤兼文渊阁大学士⑥,给予四世封诰⑦。高力辞不受,4次上疏要求退休,又拒绝福王的白银衣缎,月养米二十石。马士英专权,左良玉领兵作战,兵败战死,南明难保。高宏图渡钱塘江,欲约被逐大臣刘宗周为外援,据守江浙一带。南京失守,南明灭亡,流寓会稽⑧的高宏图,于1645年绝食9日而死,年62岁。

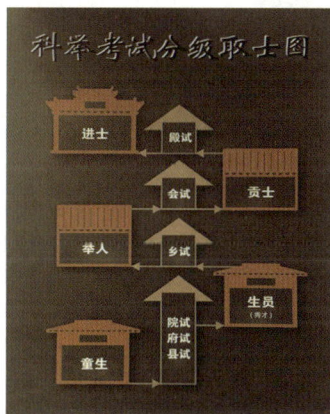

科举考试分级取士图

①礼部尚书:主管朝廷中的礼仪、祭祀、宴餐、学校、科举和外事活动的大臣,清代为从一品。相当于现在的中央宣传部部长兼外交、教育、文化部长。

②东阁大学士:明洪武十五年(1382年)置,秩正五品。

③太子太傅:官名。商、周两代已有太子太傅及少傅,作为太子的师傅。

④太子太保:与太子太师、太子太傅都是东宫官职,均负责教习太子,统称为"三师"。

⑤吏部尚书:古代官名,掌管着官员资料以及人事任免权,影响着很多官员的仕途,因其重要性成为六部尚书之首。

⑥文渊阁大学士:大学士皆以殿阁名入衔,明有中极、建极、文华、武英等殿和文渊阁、东阁大学士,并正五品,无定员。

⑦封诰:明、清帝王对五品以上官员及其先代和妻室授予封典的诰命。

⑧会稽:古地名,绍兴的别称因绍兴会稽山得名。

知识拓展

明清科举考试，共分四级：院试（即童生试）、乡试、会试和殿试，考试内容基本是儒家经义，以"四书"文句为题，规定文章格式为八股文。乡试，明、清两代每三年在各省省城举行的一次考试，因在八月举行，故称秋闱（闱，考场），所取之人叫举人，第一名叫解元。会试，乡试之后的第二年春天在京城举行，称春闱。各省的举人及国子监监生皆可应考，录取300名为贡士，第一名叫会元。殿试，皇帝主考，考策问。取中后统称为进士。殿试分三甲录取，第一甲赐进士及第，第二甲赐进士出身，第三甲赐同进士出身。一甲三名，第一名状元，第二名榜眼，第三名探花，合称为三鼎甲。二甲第一名传胪。

清朝的胶州考院

法若真

法若真（1608—1691年），字汉儒，号黄山，明胶州人。

法若真勤奋聪颖，少年时考为生员，后被选为副员。清顺治二年（1645年），参加会试，主考官视其文章卓异不凡，乃封其试卷以"异才"向皇帝举荐。御试后，遂任命他为内翰林，又经国史院考试而授予中书舍人。翌年考中进士，改庶吉士，任翰林院编修。1648年，他充任福建戊子科正考试官，回京后升任秘书院侍读，掌管六部章奏诰敕，负责起草撰文。其间，还受命编纂《太宗文皇帝实录》。

事毕,法若真被放外任浙江粮道。时因其父丧,便离职服孝未上任。守孝期满后,遂补任福建省布政史司参政。清康熙元年(1662 年),法若真回京觐见康熙皇帝,升任浙江按察使。上任后,他秉公执法,明辨曲直,审结衢州府(今浙江省衢县)10 年积案。康熙三十年(1691 年),法若真由黄山返回故里,同年病故。

法若真像

 知识拓展

庶吉士　亦称庶常。其名称源自《书经·立政》篇中"庶常吉士"之意。是明、清两朝时翰林院内的短期职位。由通过科举考试中进士的人当中选择有潜质者担任,为皇帝近臣,负责起草诏书,有为皇帝讲解经籍等责,是为明内阁辅臣的重要来源之一。

树杪飞泉图(法若真)

冷枚

冷枚（1669—1742 年以后），字吉臣，号金门画史，清胶州人，康熙时宫廷画家。

冷枚天资聪颖，勤奋好学加上其扎实的绘画功力，很快得到皇上的赏识，在康熙五十年（1711 年）前后，他已成为内廷画院的领班人物。这可从以他为首的 14 位著名宫廷画家合作的康熙六旬《万寿图》的卷末署名看出："康熙五十六年春正月臣冷枚……徐名世奉敕恭画。"《万寿图》始作于康熙五十二年（1713年），初由宋骏业主持。成稿后，康熙又命王原祁总裁。两年后王病逝，全部绘事由冷枚领衔。

冷枚像

 知识拓展

冷枚曾拜焦秉贞学过西画，善绘人物、界画，尤精仕女。所画人物典丽妍雅，笔墨洁净，赋色韶秀，其画法得力西画写生，工中带写，点缀屋宇器皿，笔墨精细，亦生动有致。其主要作品有《桐叶封帝图》《南巡图》《万寿盛典图》《避暑山庄图》，还与焦秉贞合作《耕织图》46 幅。据清人张庚《国朝画征录》载，清代早期出自山东的四大画

家"唯秉贞（焦秉贞）与
枚（冷枚）及胶州人法
若真、高凤翰四人而
已"。

避暑山庄图（冷枚）

高凤翰

高凤翰（1683—1749 年），字西
园，号南村、南阜、南阜山人、丁巳残人
等，清胶州南三里河村人。画史上常
把他与"扬州八怪"并列，或列其中。

高凤翰生于书香门第。父高日恭
为康熙十四年举人，叔高日聪为康熙
十二年进士。他自幼受家庭熏陶，博
览群书，工诗文，擅书画，精篆刻，善制
砚。19 岁为生员。清雍正五年（1727
年），胶州知州黄之瑞举荐他为孝廉方
正，遣其试任安徽歙①县县丞，继代理
歙县县令。1730 年，他因同僚妒忌借
一人命案遭诬陷"受贿五千金"入狱，

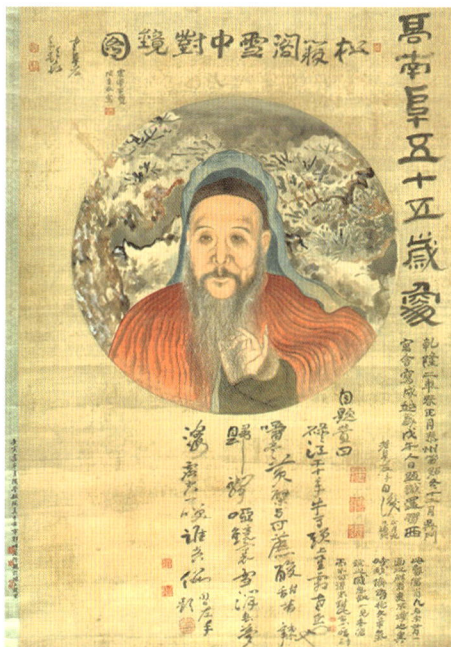

高凤翰自画像

①歙：音 shè。

不久昭雪,代理溃溪县令,继而补任扬州仪征知县。1737年5月25日,因右臂患痹病,改号尚左生、丁巳残人,不得已隐退扬州,寄居僧舍,改以左手赋诗作画为生。

高凤翰作品

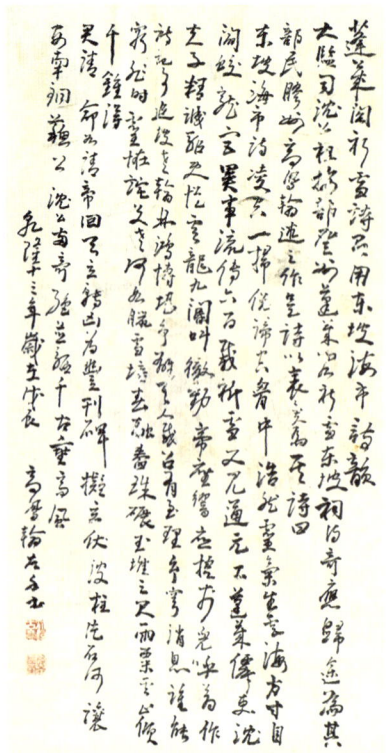

高凤翰左手书法

高凤翰一生作诗3000余首,其中大部分散失民间。高凤翰的书画传世很多,今故宫博物馆、中国历史博物馆、上海博物馆、南京博物馆、山东博物馆、青岛市博物馆等都收藏有其书画真品。高凤翰的篆刻亦为世人所重,一生治印数千方,还注重收藏汉印。他编的《汉印谱》中收藏汉印5000余方。他藏砚制砚成癖,家珍藏千余方,大都刻有砚铭,砚铭融诗文、书法和篆刻于一体,艺术价值很高。还收砚铭拓片165方,编成《砚史》四册,分黑色本和彩色本。高凤翰于清乾隆六年(1741年)从扬州回归故里,自编《南阜山人诗集》,1749年病逝于故里。

知识拓展

高凤翰的书法、绘画淡雅拙朴,独具风采。后期左手书画,更是独具天趣。清《画征录》中评价其"善草书,圆劲飞动","山水不拘于法,以气韵胜"。郑板桥评价说:"用左手书画更奇"。并赋诗称赞:"西园左笔寿门书,海内交朋索向余。短笺长札都去尽,老夫赝作也无余。"

王元浩

王元浩(生卒年不详),字海如,清胶州人。

王元浩喜爱研读史籍,尤潜心于兵书。通晓兵书阵法,精于骑射。清康熙五十九年(1720年)中武举人。清雍正五年(1727年)中武进士,殿试中第一甲第一名武状元,授头等侍卫职。雍正皇帝有一次偶与怡贤亲王提及火炮阵之事。亲王对该事不甚了解,回府后诏王元浩询问,王元浩做了满意的解答,并绘制了《火兽火车图》呈献亲王。复入朝时,亲王明奏,雍正皇帝大为赞叹:"真是全才,不愧为武科第一!"遂调王元浩任山西偏关营参将。此事距元浩任侍卫职仅三个月。到任后不满半年,就升任山西蒲州营副将。清乾隆元年(1736年),被调到湖南洞庭水师任副将。其间,潜心研制武器,并制造出水战火炮,绘制《火器图说》以教习部属。他严格训练、约束部队,安抚体恤百姓,洞庭一带社会秩序安定。由于治理边陲有功,升任湖南总兵。48岁病卒于官任。

王元浩像

知识拓展

　　清代胶州科举考试文武并茂,在孕育了众多文科鼎甲的同时,也诞生了众多武进士,这些胶州籍武鼎甲进士及第后,大都以武功显赫,在清代历史上留下了诸多政绩和佳话。

匡源

　　匡源(1815—1881 年),字本如,号鹤泉,清胶州城郭家庄人。

　　匡源自幼勤学,13 岁入邑庠①,后随伯父从学于泰安学署。清道光十九年(1839 年)乡试第三名举人。翌年中进士,被选为庶吉士,继任翰林院编修②,曾先后任江西、山西乡试考官、会试同考官③。道光二十九年(1849 年),入值上书房为皇太子奕詝讲经,1854 年出任兵部右侍郎。1855 年任吏部左侍郎,代理礼部尚书。清咸丰七年(1857 年)调任军机大臣上学习行走,1858 年任军机大臣上行走,赐紫禁城骑马。清咸丰十一年(1861 年)任随称赞襄政务大臣,咸丰皇帝病危,为顾命八大臣之一。同年,同治即

匡源像

---

　　①邑庠:明清时称县学为邑庠。

　　②编修:官名,始置于宋,主要负责文献修撰工作。翰林院编修主要是诰敕起草、史书纂修、经筵侍讲。

　　③同考官:古代官职名,指明、清乡试、会试中协同主考或总裁阅卷之官。

位,两宫垂帘听政,慈禧以"凶焰方张,彼亦难与争衡"指令,罢匡源官,匡迁居济南。其后,他应聘为泺源书院山长兼尚志书院山长,历时17年。其弟子中举及贡太学以上者400余人。他以渊博的学识、严谨的治学态度培养出曹鸿勋(状元)、张应麟(尚书)、杨际清(独榜翰林)、法伟堂(翰林)、王懿荣(翰林、甲骨文专家)、黄钰(尚书)、柯劭忞等优秀人才。1881年,匡源病逝于济南泺源书院。

匡源作品

![知识拓展图标]
知识拓展

军机大臣上学习行走　官名。清代对初入军机处并且资历较浅的军机大臣,皇帝在任命时称之为"军机大臣上学习行走",意为见习,班列于其他军机大臣之后。待一二年之后,经领班军机大臣奏准,即可销去"学习"二字。

![问题思考图标]
问题思考

同学们,请你们通过多种途径去收集家乡历史名人的资料,了解他们的事迹,以他们为榜样,写一篇5分钟的演讲稿。

第二节 近现代名人

灿烂的地域文化,深厚的文化积淀,使胶州涌现出一大批名人。

高友三

高友三(1896—1980年),又名高会益,胶州人。

高友三出身铜匠世家。9岁入私塾,11岁辍学从艺。由于他心灵手巧,加上父亲言传身教,在青年时铜匠的技艺就赶上了父亲。他打制的"十二生肖铜印"和"铸铜佛像"受到人们的喜爱。他还学习过绘画、剪纸,其《胶州八景图》剪纸作品被当时驻胶瑞典籍牧师以重金购买收藏。1915年他设计、制版印制而成的《友三铅画之宝》,以每匣套售价百块银元面世。全书共4卷,系工笔作。装帧仿制红木书匣,精美别致,书名及图案则用合金片嵌。

高友三作品

1935年,高友三的剪纸、工艺品参加青岛工艺品展览会并获奖。瑞典、日本、美国的古董商纷纷前来订货,并以每套4块大洋①成交,胶州花

---

①大洋:即银元(又名银圆),指代旧时使用的银质硬币。大洋为圆形,价值相当于七钱二分白银。主要有"袁大头"等。

边厂包销其产品,向国外发售。1942年,在中国工艺品展览会上,高友三的剪纸获奖。之后,他把自己的剪纸作品汇成《高友三窗花集》20余卷收藏,迄今仅存的两卷藏于胶州市博物馆。

1957年7月18日,高友三等出席全国美术工艺艺人代表会议,受到周恩来总理接见。同年10月,毛泽东主席视察山东,在参观工艺美术品时亲切接见高友三,并在其剪纸作品一侧题下一个"翼"字,以示鼓励。1965年春,他整理自己多年来收藏的历代钱币,编写出《历代古钱谱》,其大部分手稿藏于青岛博物馆,胶州市博物馆仅藏两卷。

1973年,高友三年近80岁,但他对艺术仍孜孜以求,又创作出许多作品。其中,窗花《渔樵耕读》四联参加全国第一届工艺美术展览会,获荣誉奖。高友三于1980年春病故。

严力宾

严力宾

严力宾(1957—1989年),胶州市中云街道方井街人。

1977年,加入中国共产党。1978年,到青岛远洋运输公司任船工,工作任劳任怨,多次被评为优秀船员。1989年11月18日,青岛远洋运输公司"武胜号"轮船在香港维修时,因港方工人操作不慎,将焊渣掉入物料间,引起大火。在国家财产受到严重威胁的关键时刻,严力宾不顾个人安危挺身而出,奋勇扑救,为保护国家财产,不幸光荣牺牲,年仅32岁。被中华全国总工会授予"全国五一劳动奖章"。《人民日报》《中国青年报》相继报道他的英雄事迹。为弘扬爱国主义精神,党和国家领导人分别题词,号召全国人民向他学习。1990年,中共中央总书记江泽民题词:"学习严力宾,做坚定的共产主义战士。"国家主席杨尚昆题词:"学习严力宾,忠于党,忠于祖国,忠于人民。"国务院总理李鹏题词:"远洋深处留下他的航迹,海员心中树起他的丰碑。"同年3月,经山东省人民政府批准为革命烈士。

王涛

王 涛

王涛(1936—2011年),女,山东胶州人。

1959年,分配到中国林科院工作。自20世纪60年代始,从事林木良种选育与复合型无公害植物生长调节剂研制,成功研制复合型植物生长调节剂ABT生根粉,并推广、实施成果转化系统工程,与五大洲48个国家建立合作关系。20世纪90年代,在全国启动社会林业工程,推广先进适用技术1825项,推广面积占同期全国造林面积的52%。1994年,当选为中国工程院首批院士①。2004年,获全国林业科技重奖。2010年,获中国林科院终身成就奖。作为项目第一完成人先后获国家科技进步奖特

①中国工程院院士:中国设立的工程科学技术方面的最高学术称号,为终身荣誉。中国工程院院士由选举产生。

等奖、林业部科技进步奖特等奖等 8 项科技奖励,国家专利 3 项;在国际上获 6 个国家和国际组织的 12 项奖励。出版著作 44 部。获国家科技部、林业部、人事部、农业部等部门荣誉多项。曾任中国林科院首席科学家、中国林科院林业研究所名誉所长、国家林业局社会林业研究发展中心主任、中国林学会副理事长、中华环保基金会副理事长和国家林业局专家咨询委员会副主任等职。当选第八届、九届、十届全国人大代表,全国人大环境与资源保护委员会委员;第九届、十届全国人大常务委员会委员。2011 年 8 月,病逝于北京。

曾金凤

曾金凤

曾金凤(1931—2017 年),女,山东胶州人。

1931 年 9 月出生于茂腔艺人世家。7 岁学艺,8 岁登台,14 岁时崭露头角。1949 年 6 月,与宿艳琴、王艳秋、温秀琴等组班演出。排演《东京》《西京》《南京》《北京》《锦香亭》《罗衫记》等传统剧目 20 多出。与茂腔乐队工作者一起合力改革茂腔的男腔唱腔。1954 年,曾金凤主演的《锦香亭》到上海参加华东戏曲会演,获演出三等奖。1989 年,山东省人民政府以其新中国成立 40 年来在文化艺术工作中作出突出贡献,特予通令嘉奖。1987 年 5 月 ～ 1998 年 1 月,任市政协副主席。2000 年,参与中国戏剧家协会编辑的大型电视戏曲艺术片《中国戏曲》的录制工作,在茂腔《西京》中饰李彦荣,该片获中宣部"五个一工程奖"。2008 年,入选第二批国家级非物质文化遗产茂腔剧种传承人。演出主要剧目录制成盒式录音磁带、VCD 光盘出版发行。

问题思考

博物洽闻,通达古今,当代少年,还看胶州。同学们,走近历史名人,感受思想力量,从这些历史和近现代名人身上,你们学到了什么?谈谈你最喜欢的或者让你感触最深的人物。

图书在版编目（ＣＩＰ）数据

我爱胶州 / 胶州市档案馆，胶州市教育和体育局，
中共胶州市委党史研究中心编 . —青岛：中国海洋大学
出版社，2020.2
　ISBN 978-7-5670-2501-1

　Ⅰ . ①我… Ⅱ . ①胶… ②胶… ③中… Ⅲ . ①胶州 –
概况 – 青少年读物 Ⅳ . ① K925.23-49

中国版本图书馆 CIP 数据核字 (2020) 第 081935 号

出版发行	中国海洋大学出版社
社　　址	青岛市香港东路 23 号　　　　　　　邮政编码 266071
出 版 人	杨立敏
网　　址	http://pub.ouc.edu.cn
电子信箱	coupljz@126.com
订购电话	0532-82032573（传真）
责任编辑	李建筑　　　　　　　　　　　　电　话 0532-85902505
设计排版	青岛志鉴信息咨询有限公司
印　　制	青岛国彩印刷股份有限公司
版　　次	2020 年 2 月第 1 版
印　　次	2020 年 2 月第 1 次印刷
成品尺寸	185mm×260mm
印　　张	8.375
字　　数	160 千
印　　数	1-12000
定　　价	13.80 元

发现印装质量问题 请致电（0532）58700168 由印刷厂负责调换。